MAIS PERTO QUE NUNCA

Série 11 Selena

ROBIN JONES GUNN

MAIS PERTO QUE NUNCA

Editora Betânia

BELO HORIZONTE
2003

Do original
Closer Than Ever
© 1999 by Robin Jones Gunn
© 2003 by Editora Betânia

Publicado originalmente por
Focus on the Family
Colorado Springs, Colorado, 80995, EUA

Tradução
Myrian Talitha Lins

Revisão
Lilian Barreto Veríssimo

Capa
Inventiva Comunicação

Foto Capa
Adelchi Ziller

Composição e Impressão
Editora Betânia

Ficha catalográfica elaborada por Ligiana Clemente do Carmo. CRB 8/6219

Gunn, Robin Jones.
 Mais Perto que Nunca / Robin Jones Gunn ; tradução de Myrian Talitha Lins ; revisão de Lilian Barreto Veríssimo – Belo Horizonte : Betânia, 2003.
 160p. ; 21 cm. - (Série Selena ; v.11)

 Título original: Closer than ever, c1999.
 ISBN 85-358-0072-7

 1. Literatura juvenil. 2. Ficção americana.
I. Lins, Myrian Talitha, trad. II. Título. III. Série

CDD 028.53

1ª edição, 2003

É proibida a reprodução total ou parcial deste livro, sejam quais forem os meios empregados: eletrônicos, mecânicos, fotográficos, gravação ou quaisquer outros, sem permissão por escrito dos editores.

Todos os direitos reservados pela
Editora Betânia S/C
Rua Padre Pedro Pinto, 2435, Venda Nova
31570-000 Belo Horizonte, MG
Caixa Postal 5010, 31611-970 Venda Nova, MG

Printed in Brazil

Para todas as "Amys" que já conheci.
Por favor, "voltem" logo!

Capítulo Um

Selena Jensen deu um suspiro fundo e fechou os olhos. Acabara de receber uma carta e quase nem acreditava na notícia que ela lhe trouxera. Olhou de novo para o papel de seda, fininho, e para a grafia precisa, de letras grandes, escritas em tinta negra. É, era a letra de Paul, não havia dúvida. E aquelas palavras também eram típicas dele. Dizia:

Fiz uma alteração nos planos da minha viagem de volta da Escócia. Vou partir do Aeroporto de Heathrow no dia 12. Assim poderei dar uma parada de quatro dias em Portland, antes de seguir para casa, em San Diego. O que você acha disso? Dá para ter mais um convidado em sua formatura?

*Mas eu lhe dou uma ligada – 'pera aí. Não é assim que se fala aí nos Estados Unidos, não. É telefonar. Eu lhe telefono. Não, é "chamar", né? É, chamar. (Puxa, parece que já tem muito tempo que estou fora de casa!) Então, vou lhe fazer uma chamada na semana que vem, depois que você já tiver recebido esta carta. Quero visitar meu Tio Mac e ver como a **Highland House** está indo. Portanto vou passar esses quatro dias com ele.*

Mas, Selena, quero que você seja muito sincera comigo, como sempre é. (Estou rindo só de pensar em você tentando dar uma desculpa diplomática. Quase impossível, né?) Então, na hora que eu telefonar, você me diz com toda sinceridade se quer que eu vá à sua formatura. Reconheço que é um momento muito importante para você e seus colegas; e não quero atrapalhar seus planos.

— Meus planos! disse a garota, rindo alto.

Estava sentada no balanço da varanda, com as pernas encolhidas. Era uma tarde quente de junho, e não havia ninguém por perto para ouvi-la.

— Que planos? Sair daquele salão nobre, tirar fotos com mamãe e papai e depois vir pra casa, pra festinha da família. Meu plano é só esse. Vou ter muito tempo pra você, Paul.

Jogou para trás o cabelo longo, bem encaracolado, e fechou um pouco os olhos por causa do reflexo da luz do Sol na vidraça de um veículo que chegava. Era uma caminhonete e parou bem em frente à casa. Dela saiu Ronny, batendo a porta da cabine e se encaminhando para ela com um sorriso. Nas mãos, ele segurava um envelope tamanho ofício.

— Adivinhe o que aconteceu! disse o rapaz, ajeitando o boné na cabeça.

Ele a olhava com aquele seu sorriso característico, entortando a boca.

— Chegou! continuou Ronny.

Selena dobrou rapidamente a carta de Paul.

— Chegou o quê?

O rapaz se aproximou e lhe entregou o envelope. A garota o pegou, notando que no alto dele havia o timbre da Universidade Rancho Corona. Olhou para o amigo com uma expressão de expectativa, erguendo as sobrancelhas.

Capítulo Um

— E aí? Foi aceito?*

Ronny ficou parado, com os braços cruzados, esperando que ela abrisse a carta para ver se ele fora aceito ou não. Ele se inscrevera na mesma universidade em que Selena e mais alguns colegas iriam começar a estudar dali a alguns meses.

Pouco tempo antes, eles tinham ido à Califórnia para conhecer a escola, e Ronny fora o que se mostrara mais entusiasmado em estudar lá. O pessoal da faculdade já enviara correspondência a Selena, comunicando que ela fora aceita. Sua amiga Vicki ainda não havia recebido nada, e Ronny, só agora.

A garota hesitou um pouco. Naquele momento, o rapaz não parecia muito empolgado. Será que haviam lhe recusado a matrícula? O que poderia dizer-lhe? Como iria poder disfarçar a alegria que sentia pela notícia que Paul lhe dera, caso Ronny não tivesse sido aceito? Com gestos cuidadosos, abriu o envelope e pegou a folha que havia dentro, que também trazia o timbre da escola.

— "Caro Ronny", leu em voz alta. "Temos o prazer de informar-lhe que seu pedido de matrícula nesta universidade foi aceito."

Selena deu um pulo do balanço.

— Uuuuuuuuhhhh! gritou. Conseguiu! Que maravilha, Ronny!

Chegou perto do amigo e lhe deu um abraço, mas ele permaneceu parado, de braços cruzados. Selena se afastou dele.

---

*Nos Estados Unidos, o ingresso em universidades não se dá por meio de exames vestibulares, como no Brasil. Lá os candidatos fazem um requerimento para a faculdade em que desejam estudar, enviando seu histórico escolar e mais alguns documentos, e a direção da escola estuda o pedido. Depois delibera se o candidato pode ser aceito ou não. Se ele for admitido, aí pode se matricular. (N. da T.)

– O que foi? indagou.
– Tem mais. Continue a ler.
A garota correu os olhos pelo papel até chegar ao ponto onde parara. Em seguida, continuou:
– Blá, blá, blá.... "Informamos também que seu requerimento acerca da bolsa de estudos para o curso de música foi aprovado na primeira análise da direção e está sendo encaminhado para a avaliação final. Deveremos ter uma resposta definitiva para você dentro dos próximos vinte dias."
Selena chegou-se para o amigo e o abraçou de novo. Dessa vez o rapaz correspondeu.
– Está tudo dando tão certo que quase nem acredito, comentou ela. Você não está feliz da vida?
– Claro que estou, replicou ele.
Contudo a expressão dele era a mesma de sempre. Nesse momento, Selena se lembrou de que nunca o vira muito empolgado com nada. Aliás, vira-o apenas uma vez – quando um jornal da cidade publicara uma crítica muito favorável a respeito da banda de Ronny. Isso se dera após uma das apresentações deles no *The Beet*, um barzinho para jovens, que havia em Portland.
– Temos de ir contar isso pra Vicki, disse Selena, virando-se e pegando a carta de Paul que deixara no balanço. Espere aí. Volto já. Vou dizer à minha mãe que vamos lá na Vicki.
– Acho que agora ela 'tá trabalhando, interpôs Ronny.
– Ah, é mesmo! Hoje é terça-feira. Então vamos... principiou ela e parou.
Pôs um pé no degrau da escadinha para entrar na casa, uma mansão vitoriana que pertencia à sua avó, com quem eles moravam.
– Já sei, prosseguiu, vamos jantar fora para comemorar! Vou dizer pra minha mãe que vamos sair. Ronny, entre aqui

Capítulo Um

e vá dando uns telefonemas pra nossa turma, pra se encontrarem conosco.

— Onde você 'tá querendo ir jantar? indagou o rapaz, seguindo-a e indo até a cozinha.

— Que tal algum lugar lá no centro? Não quero nem pizza nem *tacos**. Vamos comemorar um grande acontecimento!

Em seguida, abriu a portinha que dava para o porão e gritou pela mãe.

— Um restaurante italiano, então? perguntou Ronny, já com o telefone na mão.

— Ótimo! exclamou ela, apontando para o amigo. Acho que a Amy está de serviço hoje, e já está no horário dela. Será que vamos precisar fazer reserva? Mãe, a senhora está aí embaixo?

— Sei não, comentou o rapaz. A que horas vamos?

— Acho bom irmos agora, porque mais tarde fica muito cheio. Provavelmente não vamos precisar fazer reserva. Ligue pra Amy e avise que vamos pra lá. Pode até ser que o tio dela lhe dê a sobremesa de graça, quando souber que você foi aceito na faculdade.

Ela desceu alguns degraus da escadinha e gritou de novo:

— Mãe!

O porão estava em silêncio, a luz, apagada. Selena subiu de volta e encontrou a mãe no alto da escada.

Sharon Jensen era uma mulher magra, cheia de energia, como Selena. Tinha seis filhos. Devia estar acostumada com barulho, mas olhou para a filha franzindo a testa.

— Que barulhada é essa? Eu estava lá em cima, com os garotos.

— Ronny foi aceito na Rancho Corona! informou ela. Que maravilha, né?

---

*Tacos – um tipo de *fast-food* mexicano, muito popular entre os jovens dos Estados Unidos. (N. da T.)

— Oh! Parabéns, Ronny! exclamou D. Sharon, dando um tapinha nas costas do rapaz e desfazendo a carranca.

Ele já estava ao telefone, conversando com um dos colegas. Olhou para a mãe de Selena e deu um sorriso e um aceno de cabeça.

— E talvez ganhe a bolsa, continuou Selena. Na carta, eles disseram que vão dar a resposta final dentro de vinte dias.

— Mas isso é ótimo! disse a mãe. Que bom pra você, Ronny! Seus pais devem estar muito satisfeitos, hein!?

O rapaz acenou de novo e continuou falando ao telefone.

— Eu também recebi uma carta hoje, interpôs a garota, mostrando seu envelope com selos da Grã-Bretanha.

Em seguida, deu alguns passos em direção à sala de jantar e fez um sinal à mãe para que se aproximasse, como se quisesse lhe contar um segredo.

— Sabe de uma novidade? A senhora nem vai acreditar! Paul disse que vai vir pra minha formatura, comentou em tom alegre, erguendo a carta. E falou também que vai ficar aqui quatro dias.

— Aqui em casa? quis logo saber a mãe.

— Não, na casa do tio dele. A senhora sabe. Na *Highland House*.

— Ah, é, claro! Oh, que ótima notícia, Selena!

— É mesmo! E eu e o Ronny vamos jantar fora pra comemorar. Ele 'tá chamando alguns amigos nossos pra irem também. Vamos ao restaurante da Amy. Eu posso, né?

— Quem vai pagar?

— Cada um paga o seu, explicou Selena, como sempre fazemos.

A garota olhou para o *short* folgadão que estava usando e para a camiseta que vestira quando chegara da escola.

— Será que devo trocar de roupa?

A mãe dela olhou para Ronny, que estava de calça *jeans*, camiseta e boné, e replicou:

— Acho que pode ir com essa roupa mesmo. Talvez possam ir a um restaurante mais simples.

Nesse momento, Ronny pendurou o fone no gancho e se virou para elas.

— O.k.! Tudo combinado! O Tre vai ligar para o resto do pessoal pra que a gente possa ir pegar a Vicki. Creio que ela larga serviço às 5:00h.

— Então é bom irem logo, comentou a mãe de Selena, dando uma espiada no relógio.

— Em que carro? indagou Selena.

— No seu, respondeu Ronny. O meu 'tá quase sem gasolina, e talvez a gente precise dar uma carona para o Tre na volta. Além disso, na minha caminhonete não cabe nós dois e mais ele e a Vicki.

— Selena, interveio D. Sharon, lembre que você só pode levar mais três no carro.

— Eu sei, mãe, não se preocupe.

Uma vez, a garota tinha levado cinco pessoas no seu velho fusca. E Vicki tivera de sentar no banco de trás, no meio, sem cinto de segurança. Tinham rodado apenas alguns quarteirões, mas Selena ficara o resto da semana com sentimento de culpa. Naquele dia, jurou a si mesma que nunca mais iria desobedecer à exigência dos pais de que nunca andasse com alguém sem cinto de segurança.

Selena e Ronny foram até a sala, onde havia um cabide tipo "árvore", no qual estava sua mochila. A garota pegou-a e retirou dela uma bolsinha. Nesta cabiam apenas sua carteira de motorista, um pouco de dinheiro e o brilho para os lábios. Entretanto era só disso mesmo que ela precisava, pois o chaveiro ficava preso ao zíper. A garota guardou a carta de Paul na mochila, e em seguida os dois saíram.

Enquanto seguiam em direção ao carro dela, Brutus, o cachorro da família, ficou a olhá-los. Era um cão enorme, muito brincalhão e carinhoso, que estava em pé com as patas dianteiras na grade do cercado. Ele soltou um latido grave, e Ronny foi lá e lhe coçou a cabeça.

— Vamos! chamou Selena já no carro.

Ela enfiara a chave na ignição e estava pronta para dar a partida.

— Conte pra essa bola peluda a notícia que você recebeu e vamos embora.

Ronny aproximou-se, entrou, sentou-se no banco traseiro e fechou a porta.

— Ué! O que foi? indagou a garota.

O rapaz estava sentado no meio do banco, com os braços abertos sobre o encosto. Fitava Selena com o queixo erguido, como quem olha o outro "por cima".

— Estou com vontade de ser "príncipe por um dia", explicou. E com você de motorista. Quero ver como uma pessoa se sente numa situação dessas. Não é todo dia que a gente é aceito numa faculdade e praticamente ganha uma bolsa pra estudar música.

Selena riu e ligou o carro.

— Como queira, Alteza!

Os dois caíram na risada.

— Mas tem de colocar o cinto de segurança. Lembre o que minha mãe disse.

Ronny escorregou para o lado direito do banco.

— Pronto; já coloquei.

— Nem acredito que estou dando uma de motorista, comentou Selena, arrancando.

Partiram em direção à agência de automóveis do pai de Vicki, onde a amiga deles trabalhava em meio expediente. Em dado momento, pararam em um sinal que todos diziam ser mais demorado que os outros. Nessa hora, Selena viu uma lata de refrigerante rolando de um lado para outro no assoalho do carro e resolveu brincar mais.

– Agora, pra sua satisfação, vamos dar início ao nosso serviço de bordo, disse.

Em seguida, pegou a lata e a entregou a Ronny.

– Ei! Sem o balde de gelo?

– Sinto muito, senhor, mas na classe econômica é assim.

– Você tinha de dizer: "Como queira", brincou o rapaz.

O sinal abriu e Selena passou o cruzamento. Um pouco mais adiante entrou num posto de gasolina e estacionou junto à lojinha de conveniências. Correu lá dentro, pegou um copo de plástico e encheu de gelo na máquina de atendimento automático. A seguir, colocou a tampinha própria no copo e apanhou um canudinho. Depois, ainda apressada, foi ao balcão, pegou alguns tabletes de chocolate, pagou tudo e saiu. Levara menos de um minuto. Guardando o troco no bolso, dirigiu-se para o veículo. Ronny estava deitado, com as pernas sobre o encosto do banco dianteiro e os pés para fora da janela.

– Como queria! disse ela, estendendo o gelo e os chocolates para o amigo. Vai curtindo aí essa "paparicagem", seu "príncipe por um dia", porque esta é a última vez que vou lhe dar toda essa atenção.

Ronny aceitou alegremente o "serviço de bordo" e estendeu à garota os tabletes para que ela escolhesse primeiro. Em seguida, partiram novamente e Selena disse:

– É, mas hoje você merece essa atenção toda. Então, aproveite bem, companheiro!

– Estou aproveitando, respondeu o rapaz e, em seguida, para dar mais ênfase ao que dissera, bebeu ruidosamente um bom gole do refrigerante, agora gelado.

Quando entravam no pátio da Autos Navarone, Ronny disse:

— Ei! Aquela ali que está saindo do *showroom* não é a Vicki?

Era mesmo. Vicki tinha um jeito todo peculiar de caminhar. Nesse dia, ela fizera um cacho com seu sedoso cabelo castanho e o prendera à cabeça. Ao ombro, trazia sua mochila de cor azul-escura.

— Parece que chegamos bem na hora, comentou Selena, apertando a buzina do carro, que soou meio fraquinha.

Vicki virou-se e logo os avistou. No rosto, estampava uma expressão preocupada. Selena parou o carro perto dela e gritou:

— Ei, Vicki, entre aqui! Estamos indo comemorar!

A garota aproximou-se e se debruçou na janela do veículo. Vendo Ronny no banco traseiro, indagou:

— Por que você está aí atrás?

— Sou "príncipe por um dia", replicou ele.

— Eu o estou chamando de "Alteza", explicou Selena.

— Ué, por quê? quis saber Vicki, que ainda tinha o ar de preocupação.

— Porque hoje, principiou Ronny, fui honrado com uma carta de uma certa universidade, dizendo que me aceitaram como aluno. E talvez ganhe uma bolsa de estudos também. Mas não precisa se inclinar, não. Desta vez, não. Quer chocolate?

— É mesmo? indagou Vicki, sem demonstrar o menor interesse pelo chocolate.

Seu rosto, de traços delicados, ficou ainda mais tenso.

— Você também recebeu sua carta hoje? E tem certeza de que o aceitaram mesmo? indagou ela.

— Tenho. Já está oficialmente resolvido.

— Você também recebeu sua carta, Vicki? indagou Selena.

Capítulo Um

A garota acenou que sim, mas com um ar triste.
– E aí? insistiu Selena.
– Minha mãe me ligou e disse que tinha chegado, mas ela não quis abrir. Falou que era eu que tinha de lê-la. Mas eu estou muito nervosa, gente. Se eles não me aceitarem, o que vou fazer?
– Ah, eles vão te aceitar, sim, interpôs Selena. Você vai estudar na Rancho conosco. Não vamos de forma nenhuma nos conformar com uma resposta negativa. A gente vai lá e faz um movimento de protesto naquela secretaria, ou algo assim. Tenho certeza de que te aceitarão, sim. Vamos à sua casa pegar a carta e depois seguimos para o restaurante DeGrassi. O Ronny ligou pra uma porção de colegas, e vamos nos encontrar com eles lá.
– Sei não, disse Vicki, talvez eu não deva ir. Tenho muito dever de casa pra terminar.
– Dever de casa? repetiu Selena. De que matéria? Eu não tenho nenhum. Só preciso estudar para as provas finais da semana que vem. E depois, é só folga.
– Na verdade, explicou a outra, é um trabalho que estou fazendo para o Prof. Wellington, pra melhorar minha nota. E tenho de entregá-lo amanhã.
– Olhe aqui, interveio Ronny, são 5:00h. Nós não vamos demorar muito. Até às 7:00h você já estará de volta em casa. Entra aí. Depois a gente te traz.
A garota ainda hesitou um pouco, mas afinal abriu a porta do carro, sentando-se no banco da frente.
– 'Tá bom, disse. Eu vou, desde que esteja de volta às 7:00h, no mais tardar às 7:30h.
– Aí não, interpôs Ronny. Você tem de vir aqui atrás comigo.
Afinal Vicki sorriu, desfazendo as rugas de preocupação.
– O.k. Chega pra lá, Majestade!

— Não é "Majestade", não, corrigiu o rapaz. É "Alteza", faz favor.

— E qual é a diferença? indagou Vicki em tom brincalhão.

Selena virou o veículo e partiu em direção à casa da amiga, que ficava a poucos quilômetros dali. Começou a se sentir constrangida de estar na frente, sozinha. Uma coisa era aceitar aquela brincadeira com o Ronny. Agora, porém, rodando pela cidade com os dois no banco de trás, rindo e se divertindo, era diferente. Ela se sentiu ridícula.

Contudo, de certo modo, achava ótimo o Ronny ter chamado a Vicki para se sentar ao lado dele. Havia já um bom tempo que a amiga gostava do Ronny, mas ele sempre se mostrara frio e desinteressado, por ela e por outras garotas. Entretanto nesse momento ele a estava tratando de um jeito divertido, todo especial. Provavelmente sua amiga estava se sentindo até mais animada com relação ao rapaz.

Ao mesmo tempo, porém, Selena teve uma sensação ruim. E se a Universidade Rancho Corona não tivesse aceitado a Vicki? O que fariam? Como poderiam comemorar a conquista do Ronny, se sua amiga não tivesse sido aceita? E depois lhe ocorreu um pensamento ainda pior. Como poderia estudar naquela faculdade se a amiga não estivesse lá? Já tinham até conversado em ser colegas de quarto e fazerem juntas algumas das disciplinas, para que pudessem ajudar uma à outra com os trabalhos da escola. Selena iria ficar bastante decepcionada se Vicki não fosse aceita. E sabia que a outra também iria se sentir muito desolada.

— Sabe o que mais? disse afinal. Acho que poderíamos ir direto para o restaurante, já que os outros estão nos esperando lá. Aí, Vicki, você pode deixar pra ler a carta depois que voltar pra casa, concluiu ela, dando uma espiada pelo retrovisor para ver se alguém lhe responderia.

Capítulo Um

A princípio, nenhum deles disse nada. Por fim, Vicki replicou:

— Ah, mas não quero prolongar ainda mais esta tortura.

— Achei que talvez você pudesse esquecer essa questão por algumas horas, replicou a garota. Primeiro a gente ia jantar e depois seguia pra sua casa. E se você quiser, eu e o Ronny podemos ficar lá, enquanto você abre a carta, mas só se você quiser.

— Não sei... replicou Vicki.

— Então, pegue a carta e leve para o restaurante pra abrir lá, sugeriu o rapaz.

— E se tiverem me rejeitado? interpôs a garota.

— Aí, nós todos vamos te alegrar, respondeu Selena, olhando de novo pelo retrovisor.

— Era assim que você queria abrir sua carta? perguntou Vicki.

Ronny deu de ombros e fitou Selena pelo espelho.

— Não, disse Selena, respondendo pelos dois. Você tem razão. É melhor nós a levarmos até sua casa e deixarmos que leia a carta sozinha. Depois você vai para o restaurante pra nos dar a boa notícia. Porque tem de ser uma boa notícia, Vicki. Tem de ser. Eu e o Ronny recebemos cartas hoje, todas as duas ótimas. Agora é sua vez.

— Só tem um problema, disse Vicki. Meu carro ficou lá no meu serviço.

— Ah, é mesmo!

— É, então você tem de ficar com a gente, falou Ronny. Um por todos e todos por...

Vicki inclinou-se para a frente e pôs as mãos no encosto do banco de Selena.

— Que carta você recebeu, Selena? Você já tinha recebido a da universidade. Ganhou outra bolsa?

— Não, foi uma carta muito melhor.

— Ah! exclamou a outra, soltando o encosto.

Pelo seu tom de voz, parecia que ela entendera que a carta era de Paul. Selena recebera várias cartas do rapaz nos últimos meses. Embora ela não falasse sempre para a amiga sobre o conteúdo delas, esta sabia por alto quantas chegavam e qual era o assunto geral.

Selena pedira a Vicki e a Amy que a "vigiassem", com relação aos "vôos" da sua imaginação. É que, anteriormente, ela se deixara levar pela fantasia e imaginara que Paul dissera palavras que na realidade ele não quisera dizer. Agora, porém, as amigas estavam acompanhando de perto o relacionamento dela com o rapaz, e Selena estava mantendo "os pés no chão".

— Depois então você me conta sobre essa carta, disse Vicki para a amiga, no momento em que chegavam à casa dela.

— Conto, sim, claro, replicou a outra, virando-se para Vicki com um amplo sorriso, já dando a entender que a carta fora maravilhosa.

Vicki, porém, não parecia ter notado nada. Seu rosto se mostrava novamente tenso.

— Ah, eu não estou com vontade de entrar. Não quero ler aquela carta.

— Ah, que é isso? interveio Ronny. Nós vamos com você, se quiser.

— Tenho certeza de que eles te aceitaram, comentou Selena.

Contudo, assim que terminou de falar, compreendeu que não tinha o direito de dizer aquilo. E se não a tivessem aceitado? Não tinha nenhum poder de decidir sobre o futuro de Vicki, assim como não tinha sobre o seu. De repente, ela se deu conta de que se encontravam em uma importante encruzilhada na vida. O conteúdo da carta de Vicki poderia mudar para sempre a amizade delas. Novamente lhe sobreveio uma sensação desagradável. Ficou em silêncio, esperando que a amiga tomasse a decisão sozinha.

— 'Tá bom, 'tá bom, disse Vicki afinal, soltando um suspiro. Vamos acabar com esse suspense. Quero que os dois entrem comigo.

Selena estendeu o braço para abrir a porta do carro e ao mesmo tempo pensou:

E nós dois queremos entrar com você.

Capítulo Dois

A porta da casa de Vicki estava trancada. A garota pegou a chave dentro de sua mochila, dizendo:

– É mesmo; esqueci que minha mãe disse que ia fazer umas compras. Vou deixar um bilhete pra ela, informando pra onde fomos.

Os três atravessaram a sala e foram direto para a cozinha. A luz do Sol, entrando pela janela, dava em cheio na mesa redonda. Parecia um clarão de holofote sobre a carta que se achava sobre ela, encostada em uma jarra com bocas-de-lobo amarelas.

– Está ali, disse Selena, que avistou o envelope antes da amiga.

Vicki pegou-o e se pôs a olhá-lo.

– Sei que isso é bobagem. Afinal, não é tão importante assim.

– É, sim, interpôs Ronny. É muito importante. Pelo menos eu acho que é.

Vicki olhou para ele.

– A questão é que nunca recebi uma carta desse tipo antes,

explicou. Nunca entrei num concurso e fiquei esperando a resposta pra saber se ganhei ou não. Nunca passei por algo assim.

– Então abre logo! disse Selena em tom impaciente.

Ronny e Vicki olharam espantados para a garota, como se ela tivesse, de repente, interrompido um momento de privacidade entre os dois.

– Quero dizer, explicou-se a outra, será que só de saber a resposta você não vai se sentir melhor?

Vicki olhou para a carta e deu um suspiro.

– É, acho que sim.

Em seguida, enfiou o polegar debaixo da aba do envelope e se pôs a abri-lo cuidadosamente, bem devagar. Selena começou a ficar inquieta. Era como se estivesse vendo Tânia, sua irmã mais velha, abrindo os presentes de Natal. Tânia gostava de guardar todos os papéis de embrulho e, por isso, os abria com cuidado. Parecia até que o papel era mais precioso do que o próprio presente. Ela não queria que rasgasse nem amassasse.

Por fim, Vicki tirou a carta com o timbre da Universidade Rancho Corona. Era uma folha só, e ela a desdobrou lentamente. Tanto Selena como Ronny se aproximaram e se puseram a ler junto com ela.

– Ah, não! exclamou Selena. Tanta ansiedade por uma carta dessas!

– É que eu não sabia, né? comentou Vicki, com uma ponta de irritação.

– Que é isso que eles estão pedindo aí? quis saber Ronny. Que formulário é esse?

– Não tenho a menor idéia, replicou Vicki.

– É um dos formulários que eles mandam pra gente junto com os papéis da inscrição, explicou Selena. Eles estão dizendo que você não o devolveu devidamente preenchido quando enviou o resto da documentação. E para analisarem sua situação, vão precisar dele. Você sabe onde ele 'tá? Talvez você possa preencher agora e a gente põe no correio de uma vez, quando estivermos indo para o restaurante.

– Vou verificar no pacote que me mandaram com todo o material. 'Tá no meu quarto e sei exatamente em que lugar.

Selena logo pensou que era muito bom que não seria ela quem teria de procurar algo em seu quarto. Em questão de quarto arrumado, ela era o oposto da amiga. Elas haviam até conversado a respeito do assunto, quando tinham falado sobre ficar juntas no dormitório da faculdade. Selena prometera a Vicki que iria fazer todo o possível para procurar ser igual a ela nesses cuidados. Aliás, durante vários anos, ela convivera com sua irmã Tânia, que era quase neurótica com relação a arrumação. Então, quando queria (o que não era sempre), conseguia manter o seu lado do quarto igual ao da irmã.

Vicki se sentira ofendida ao ver que a amiga a comparara a Tânia, dando a entender que ela também era "neurótica". Selena logo mudara de assunto e, consigo mesma, jurou nunca mais fazer comparações entre as duas, embora elas realmente fossem muito parecidas. A semelhança entre elas era bem mais significativa do que Selena imaginara.

– Bom, não ter notícia é sinal de boa notícia, né? comentou Selena em tom alegre, virando-se para o Ronny depois que Vicki saiu para ir ao quarto. Quero dizer, não foi tão ruim assim. Podemos ir comemorar e a Vicki também poderá alegrar-se.

– Sei não, replicou o rapaz. Acho que isso ainda é pior que uma negativa. Significa que ela terá de esperar mais tempo pra saber a resposta final. A espera pode ser mais torturante do que uma rejeição, concluiu ele, dando mais uma olhada na carta.

— Você acha que ela não vai ser aceita? Quero dizer, não é tão difícil assim entrar naquela faculdade, é?

Ronny tirou o boné, coçou a cabeça num ponto em que o cabelo louro e curto estava todo espetado para o alto e em seguida o recolocou.

— Pra ela não é igual é pra gente, explicou, abaixando um pouco a voz. Vicki não tem notas altas como você nem as dificuldades financeiras que eu tenho. Pra ela, talvez seja mais difícil do que imaginamos.

Selena arrancou uma boca-de-lobo do ramo que estava na jarra. Ficou apertando de leve na base da flor, fazendo-a abrir e fechar a "boquinha".

— Ela vai ser aceita, disse. Ela tem de ser aceita.

— Como foi que você fez isso? indagou Ronny, olhando para o pequenino "fantoche" na mão da amiga.

— Nunca viu boca-de-lobo, não?

A garota repetiu o movimento com a flor e o rapaz sorriu.

— Que legal! exclamou. Deixe-me fazer isso!

— Pegue uma pra você, respondeu ela com jeito brincalhão, afastando dele seu "brinquedinho".

Vicki retornou à cozinha com um envelope grande, de cor parda.

— Será que sua mãe vai achar ruim se a gente brincar com as flores dela? quis saber Ronny.

— O que você quer fazer? perguntou ela.

— Um fantochinho com a boca-de-lobo. Será que ela vai achar ruim?

— Nada. Nosso quintal 'tá cheio dessa flor.

— É mesmo? indagou o rapaz. Posso ir lá pegar umas?

Vicki, que estava olhando os papéis em sua mão, ergueu os olhos.

— Você 'tá querendo colher flores? indagou, com uma expressão interrogativa no rosto.

— Estou. Posso?

— Fique à vontade, disse ela, apontando para a porta dos fundos.

O rapaz saiu e a garota indagou:

— O que é que há com ele? 'Tá com um jeito estranho hoje!

Selena deu de ombros e, falando com uma voz aguda, como a de um fantoche, comentou:

— Talvez ele tenha ido colher flores pra dar a você, como demonstração de um amor eterno.

— Ah, 'tá bom! É isso mesmo! Finalmente devo ter usado um perfume fatal, e Ronny acordou de seu profundo coma e me viu...

— Acho bom comprar um frasco grande desse perfume, disse Selena, ainda com a vozinha do fantoche.

Vicki deu uma olhada para a "boquinha" amarela da flor e sorriu.

— Eu acho é que ele 'tá com muita cafeína na cabeça, isso sim. Esse é que é o problema.

Continuou examinando os papéis da faculdade e finalmente tirou um deles.

— Olhe, acho que é este aqui. Parece que nos esquecemos dele. Meus pais vão ter de assiná-lo. Então, não adianta ficarmos aqui perdendo tempo com ele. Vou deixá-lo aqui, junto com a carta, e eles vão entender.

— Você ficou chateada? indagou Selena, agora com sua voz normal.

— Um pouquinho, sim. Claro que foi melhor isso do que receber uma negativa. Mas não é o que eu estava esperando. Então vamos para o restaurante? Vou deixar um bilhete pra minha mãe.

Selena começou a pensar que o Ronny tinha razão. A espera talvez *fosse mesmo* mais torturante do que uma negativa imediata. Achou que o melhor agora era irem logo para a comemoração.

Nesse momento, o rapaz voltou do quintal, mas não com um buquê, como Selena dissera. Trazia apenas uma boca-de-lobo entre os dedos e tentava fazê-la abrir a "boquinha", como a garota fizera. Ela achou engraçado Ronny ter ido lá fora para pegar uma flor exclusivamente para ele. Vicki tinha razão. Ele estava meio estranho mesmo, isto é, mais estranho do que já era.

– Nós vamos ter de pegar o Tre? indagou Selena, assim que Vicki terminou de escrever o bilhete para os pais dizendo aonde fora.

– Vou ligar pra ele, disse Ronny, apertando a boca-de-lobo e tentando falar com a vozinha de fantoche.

Vicki fez um gesto à amiga para que fossem para a sala enquanto o rapaz telefonava. Selena se lembrou de que fizera o mesmo sinal para a mãe, para lhe falar sobre a carta de Paul. Calculou que a outra também queria lhe indagar sobre a carta. Contudo não era de Paul que Vicki desejava falar.

– Será que o Ronny 'tá agindo assim porque escutou aquilo que você disse? indagou ela.

– O quê? Do "amor eterno"?

Vicki fez que sim.

– Como é que vou saber? Entra na brincadeira, menina. Pode ser que nosso amigo esteja começando a pensar mais seriamente no futuro, pelo fato de ter sido aceito na faculdade.

– Você acha mesmo? perguntou Vicki, dando uma espiada por cima do ombro da amiga para ver se Ronny estava vindo e, pensando no que ela dissera, passou a mão no cabelo, para ajeitá-lo.

– Pode ser, continuou Selena. Uma coisa posso lhe dizer

por experiência própria. É meio humilhante saber que a gente 'tá quase se formando e indo para a faculdade e nunca namorou ninguém a sério, nunca foi beijada.

Vicki desviou o olhar.

— Você já sabe o que penso disso. Eu queria ser inexperiente como você.

Selena mordeu o lábio inferior e procurou não ficar magoada com o comentário da amiga. Sabia que a outra não dissera aquilo por mal. Mesmo assim se sentia incomodada de ser tão inexperiente e de nunca ter sido beijada. Ela só saíra com um rapaz, uma vez. Era um colega da escola chamado Drake. Embora na ocasião tivesse pensado que se achava preparada para começar a namorar, a experiência não fora muito boa.

Vicki pegou no braço dela e perguntou:

— Qual o problema?

— Nenhum. Por quê?

— Você 'tá encucada com algo. Mordeu o lábio.

Imediatamente, Selena passou a língua sobre o lugar onde beliscara a pele da boca, como que tentando "apagar" a marca.

— Podemos ir? indagou Ronny, entrando na sala. O Tre vai com a Margaret, e estão saindo de casa agora.

— Claro. Eu estou pronta, replicou Vicki.

— Eu também, respondeu Selena e, aproximando-se um pouco mais da amiga, continuou: Não há nenhum problema. Mesmo!

E dando um sorriso, como que para convencer a outra, saiu conduzindo os dois para o carro. Em seguida, dirigiram-se para o restaurante DeGrassi. Dessa vez, Vicki sentou-se no banco da frente, e Ronny foi sozinho atrás.

Quando chegaram ao restaurante, viram Warner, o baterista da banda de Ronny, que também estava chegando. Os quatro entraram juntos.

Capítulo Dois

Amy achava-se em seu posto de recepcionista.
– E aí? indagou ela. Por que o jantar especial da turma toda?
– O Ronny não lhe disse quando telefonou? perguntou Selena.
A outra fez que não, a longa franjinha batendo nos cílios com o movimento da cabeça.
– Estamos comemorando um grande acontecimento, explicou Selena. O Ronny tem uma boa notícia. Conte pra ela, Ronny!
O rapaz caminhou lentamente para perto de Amy, do mesmo modo que se encaminhara para falar com Selena no balanço da varanda – sem muita empolgação.
– Vou estudar na Rancho Corona; e talvez ganhe uma bolsa de estudos.
A garota deu um sorriso amplo, dando um brilho diferente aos seus olhos castanhos.
– Que bom, Ronny! exclamou. Deve ter sido um grande alívio!
Ronny concordou com um aceno de cabeça.
– E você? quis saber ele. Já tomou alguma decisão?
Amy abanou a cabeça.
– Ainda não sei ao certo se quero ir estudar fora. Aliás, nem sei se quero mesmo fazer faculdade, pra falar a verdade.
– Mas você vai à nossa formatura, não vai? indagou Ronny, chegando mais perto dela.
Amy havia estudado no Colégio Royal, uma escola evangélica onde todos os outros estudavam. Contudo, no ano anterior, transferira-se para uma escola da rede pública. Nesta, a formatura seria uma semana antes da do Royal.
– Vou, e vocês também vão à minha, não vão? replicou ela e, olhando para o Warner, continuou: Você também, viu,

Warner? Não vamos ter festa nem nada, mas eu gostaria muito que todos vocês fossem.

– Claro que vamos, interpôs Ronny.

– Sabe o que mais? interveio Vicki. Nós devíamos fazer uma festa, para o nosso grupo.

Imediatamente, Selena começou a dar asas à imaginação. Seria maravilhoso se fizessem uma festinha. Assim ela poderia apresentar o Paul a todos os seus amigos.

– Isso! exclamou. Vamos fazer uma festa! Tenho quase certeza de que pode ser na minha casa.

Nesse momento, chegaram Tre e Margaret. Parecia que esses dois estavam começando um namoro. Aliás formavam um casalzinho bem interessante. Quando Tre começara a estudar no Royal, dera a impressão de que não sabia falar a língua direito, embora entendesse tudo. É que era natural do Camboja, um país da Ásia, e viera morar em Portland quando estava mais ou menos com treze anos. Mais tarde, os outros perceberam que ele falava pouco também porque era tímido. Apesar disso, porém, era a "espinha dorsal" da banda de Ronny. Sempre era ele que relembrava aos outros de que precisavam orar antes de começar o ensaio.

Margaret era filha de missionários. Os pais dela tinham trabalhado no Peru, e ela nascera naquele país. Fazia pouco tempo que viera para os Estados Unidos e fora estudar no Royal. Pouco a pouco ela se aproximara do grupo de Selena e Ronny. O Colégio Royal não era muito grande. Os grupinhos de alunos eram todos muito "fechados". Era quase impossível para um novato "entrar" neles. Entretanto esse grupo, que os outros chamavam de "turma do Ronny e da Selena", apesar de ter tido algumas dificuldades, conseguira permanecer relativamente "aberto". E quase todos os novatos podiam se relacionar com eles.

Capítulo Dois

Ultimamente, Margaret e Tre estavam sempre juntos. Parecia que tinham muito em comum. Ambos haviam sido criados em outro país e falavam outra língua. Aliás formavam um par muito engraçadinho. E dava para perceber que eles tinham se aprontado para ir ao restaurante. Mais ou menos um mês atrás, a garota havia tingido o cabelo de castanho, com luzes avermelhadas. Selena achou que ficou muito bom para ela, mas Vicki preferiria que ela tivesse clareado um pouco o cabelo.

— São quantos ao todo? indagou Amy, pegando os cardápios e contando rapidamente o grupo.

— Acho que somos só nós, replicou Ronny. Você chamou mais alguém Tre?

— Drake e Cassandra, respondeu o outro com sua voz meio abafada. Mas eles vão ajudar a preparar o carro alegórico para o desfile.

Todos os anos, no mês de junho, havia em Portland um evento chamado "Desfile das Rosas", para celebrar essa flor que é bastante cultivada na cidade, aliás, denominada "Cidade das Rosas". O pai de Drake tinha uma fábrica de fraldas e participava da festa desde o início da década de 1960. O rapaz convidara a turma para ajudar a preparar o carro alegórico para o desfile, mas Selena esquecera totalmente. Talvez ela quisesse mesmo esquecer. É verdade que o relacionamento dela com Drake fora bom. E ele era um cara legal. O problema era que ele namorara todas as garotas da cidade, ou, pelo menos, todas as da escola. E Selena ainda se sentia um pouco sem graça ao lembrar que, nas férias do ano anterior, ela também passara a fazer parte da lista de conquistas dele.

— É mesmo! disse Ronny. Talvez fosse bom a gente dar uma chegadinha lá depois.

— Eu tenho dever de casa pra fazer! disse Vicki imediatamente.

Selena pensou que depois iria perguntar à amiga o que ela achava de Drake estar namorando Cassandra, já que as duas não se davam muito bem. Do mesmo modo que Selena se sentia incomodada na companhia de Drake, assim era Vicki com a outra garota. No fim das contas, talvez fosse bom mesmo que nenhum dos dois tivesse vindo.

– Vou levá-los para um compartimento grande no fundo do salão, informou Amy.

Em seguida, ela foi conduzindo o grupo pelo salão ainda não muito cheio.

Warner caminhava ao lado de Selena. Sempre que ele dava qualquer atenção à garota, deliberadamente ou não, ela se sentia incomodada. Contudo ela não se importava de ele estar junto com o grupo. É que nesse caso havia outros por perto, e ele se mantinha distante. O relacionamento dos dois sempre fora apenas "educado". Warner era uma dessas pessoas que a deixavam irritada, embora ela tivesse de reconhecer que o rapaz estava se esforçando para se relacionar bem com todos.

– Então você e o Ronny vão estudar na Rancho Corona, hein? disse Warner.

Como ele era bem mais alto que Selena, ela tinha a sensação de que as palavras dele caíam no alto da cabeça dela como uma chuva de granizo.

– Vamos, replicou sem olhá-lo.

– Quem mais já sabe com certeza que vai?

– Vicki, respondeu ela em tom confiante.

– Eu ainda não recebi a resposta, comentou a outra, virando-se e dando uma olhada para os dois. Então não sei "com certeza".

Eles entraram no compartimento e se sentaram. Selena ficou perto de Ronny. Ela evitou ficar ao lado de Warner, pois este tinha pernas muito compridas. Todas as vezes que se sentava junto dele na cantina da escola, as pernas dele

Capítulo Dois

ficavam batendo nas dela. Margaret se sentou perto de Selena, com Tre do outro lado. A distribuição dos lugares acabou ficando bem legal, na opinião de Selena, pois Ronny ficara no centro do compartimento, onde ele deveria mesmo ter ficado.

Quando todos já estavam terminando de comer, Selena pegou sua colher e deu umas batidinhas no copo.

— Como todos sabem, disse ela, imitando um mestre de cerimônias, nosso amigo Ronny Jenkins recebeu uma carta muito importante hoje. Então nos reunimos aqui pra comemorar o evento e pra homenageá-lo.

Warner ergueu seu copo e, falando bem alto, num restaurante quase em silêncio, disse:

— Ao Ronny!

Os outros o imitaram e em seguida tocaram os copos uns dos outros, fazendo um brinde ao colega. Selena sorriu para o amigo e continuou:

— Agora, nosso homenageado vai fazer um discurso.

— Eu vou para a faculdade, disse ele, dando de ombros.

— E como é que você se sente com relação a essa grande aventura? indagou a garota, usando a colher como um "microfone" e colocando-a em frente ao rosto de Ronny.

O rapaz deu aquele seu sorriso característico, entortando os lábios, e respondeu:

— Minha mãe disse que achava que esse dia não chegaria nunca.

O grupo todo caiu na risada.

— Pois é, interpôs Selena em tom alegre, mais alguns meses e iremos embora daqui!

Seguiu-se um silêncio pesado. Todos estavam encarando a realidade dos fatos. Por fim, refletindo o pensamento geral, Tre disse:

— E será o fim da nossa banda!

Capítulo Três

— Oh, gente, interveio Margaret, inclinando-se para diante, vocês ainda têm as férias. Terão mais duas apresentações no *The Beet*. E tenho certeza de que virão mais algumas.

— E justamente agora que estávamos começando a melhorar, lamentou Warner.

Novamente o silêncio tomou conta do grupo. Selena se lembrou de uma ocasião em que assistira a um filme de que gostara muito. Quando ele terminou, ela permanecera sentada na cadeira por alguns minutos. No lugar das cenas movimentadas e das belas imagens, via-se apenas uma longa lista de nomes, sobre a escuridão da tela. Mas ela ficara ali parada, escutando enlevada a música de fundo, tocada ao violino. Ficou olhando aqueles nomes até que acabaram de passar e surgiu na tela a marca comercial "Dolby Sound". Só aí foi que se deu conta de que o filme de que tanto gostara havia terminado.

Contudo o último ano escolar ainda não findara. E esse jantar comemorativo também não.

— Alguém vai querer sobremesa? indagou a garçonete, aproximando-se e pegando alguns pratos vazios.

— Vamos, replicou Selena, respondendo pelos outros. Você pode pedir a Amy pra dar uma chegada aqui?
— Claro, disse a mulher. Vão querer ver nossa bandeja de sobremesas?
— Eu já sei o que quero, informou a garota. Quero *tiramisù*. E vocês não têm aqui um chá de cereja com algo?
— Temos. É cereja com amêndoas. Vou lhe trazer um bule de chá quente então. Mais alguém vai querer sobremesa?

Os outros fizeram seus pedidos, e alguns minutos depois Amy chegava à mesa deles.
— A que horas é seu jantar? indagou Selena.
— Acho que não vou ter horário pra intervalo, não, respondeu a outra. Estou trabalhando menos horas hoje.
— Mas será que não dá pra você ficar aqui com a gente uns três minutinhos? Eu queria que você pegasse uma cadeira e viesse comer uma sobremesa conosco.
— Vou ver, respondeu ela. O movimento hoje 'tá meio devagar.

A garçonete trouxe as sobremesas e Amy voltou, carregando uma cadeira.
— Posso ficar só cinco minutos, avisou. Então vamos conversar depressa. O que vocês estão planejando em termos de festa de formatura?

Selena esperou que alguém dissesse algo, mas logo se lembrou de que ela oferecera a casa dela.
— Ainda não resolvemos nada, explicou. Você já pensou em algo?

Os olhos escuros de Amy brilharam.
— Sabe o que sempre tive vontade de fazer?
Ninguém se aventurou a dar um palpite.
— Um jantar elegante, continuou a garota. Meu tio disse que pode nos vender a lagosta e o que mais quisermos.

Selena se recordou bem de uma ocasião em que ela e Amy

haviam planejado fazer um jantar assim. Convidariam o Wesley, seu irmão mais velho, e o Drake. Entretanto, o namoro deles não foi adiante, como esperavam, e o jantar acabou não se realizando.

– Pra mim está ótimo, replicou Ronny.
– É, também acho que vai ser divertido, concordou Vicki.
– E se eu não gostar de lagosta? disse Warner. Será que podemos ter um outro prato, como lazanha, por exemplo?
– Você não gosta de lagosta? quis saber Amy.
– Não sei. Nunca comi, respondeu ele. Mas de lazanha eu sei que gosto.

Selena olhou-o, pensando que ele parecia mais um meninão mimado.

– Ah, mas você vai gostar de lagosta, sim, insistiu Amy. Nós vamos prepará-la com aquela manteiga derretida. Você vai gostar.
– E quando vai ser a festa? perguntou Margaret. No mesmo dia da formatura?
– Ah, no dia da formatura vai uma porção de gente lá em casa, disse Vicki. Que tal na véspera? Seria uma festa pré-formatura, só pra nós.
– Vocês estão pensando em ir àquela excursão dos formandos no próximo final de semana? indagou Margaret. Ouvi dizer que até agora pouca gente fez a inscrição.
– Eu tinha me inscrito, explicou Vicki. Mas depois fiquei sabendo que iríamos passar dois dias lá e ficaria em 350 dólares, então mandei tirar meu nome. Não sei por que ficou tão caro assim. Eu não posso ter essa despesa agora. E com todos os outros gastos relacionados com a formatura, meus pais também não poderão.

Warner deu um relatório completo sobre os planos para o passeio dos formandos. Como o Colégio Royal não promovia o baile de formatura, que havia em outras escolas,

Capítulo Três

alguns pais de alunos haviam organizado uma viagem para uma praia do Oregon. Eles tinham reservado dois andares inteiros em um hotel. E deixaram bem claro que os rapazes ficariam em um, e as garotas, em outro. Seriam dois alunos por quarto, e iriam diversos acompanhantes adultos. Todos teriam de estar nos quartos para dormir no máximo até meia-noite. O comitê organizador, aliás muito bem-intencionado, colocara mais regulamentos do que divertimentos no panfleto. Os pontos altos do passeio seriam uma visita ao aquário e uma partida de golfe. E essas não eram exatamente as atividades que os jovens mais apreciavam; ainda mais por aquele preço. Além disso, não era assim que pensavam comemorar a formatura do ensino médio que, sem dúvida nenhuma, era um marco na vida deles.

– Estou achando que o passeio vai acabar sendo cancelado, comentou Vicki. Ninguém tem dinheiro pra ir.

– O último dia de inscrição não era sexta-feira passada? quis saber Selena. Não sei de ninguém que tenha se inscrito.

– Então vamos nós programar uma festa, sugeriu Margaret. Acho que poderíamos organizar um jantar mesmo. Seria ótimo, continuou ela, dando um sorriso para o Tre.

Selena logo pensou se esse evento não seria o começo de um namoro entre os dois. Correu os olhos pela mesa e fez a conta. Ali havia três casais que dariam certinho. A única dupla que não "combinava" eram ela e Warner. E só de pensar nisso, começou a suar frio. Nesse momento, lembrou-se de que Paul estaria aí e, sem querer, soltou uma risada alta.

– Que foi? indagou Amy.

– Nada, nada, apressou-se em responder. Vamos combinar os detalhes desse jantar. O que vocês quiserem 'tá bom pra mim, desde que seja depois do dia 12.

— Tenho de voltar para o meu posto, disse Amy. Selena, mais tarde telefono pra você pra combinar tudo, o.k.?

— Ótimo! exclamou a garota, sentindo o coração encher-se de alegria só de pensar em Paul num jantar elegante com seus amigos queridos.

O rapaz iria gostar deles, e seus amigos também iriam gostar de Paul. A idéia ficou ainda mais agradável quando se lembrou de que só sua mãe sabia da vinda dele. Era gostoso ter um segredo que apenas sua mãe conhecia.

Contudo Selena não era muito de guardar segredos. E no momento em que levava Vicki de volta para a agência, contou o fato para ela. Ronny não voltara com ela, pois pegara uma carona com Margaret e Tre. Os três iriam dar uma espiada em Drake e nos preparativos para o desfile. Então, assim que as duas entraram no carro, Selena falou à amiga sobre a notícia que Paul lhe dera na carta. Vicki soltou um gritinho e agarrou o braço da amiga, toda alegre.

— Por que você não me disse logo? indagou.

— Estava tudo acontecendo muito depressa, explicou Selena.

— Que notícia maravilhosa, Selena! Estou tão feliz por você! Que mais que ele disse?

— Não sei. Nem acabei de ler a carta ainda. Só li o primeiro parágrafo. O Ronny apareceu naquela hora e a notícia dele foi mais importante que a minha. Aí nós fomos lá te buscar e começamos a falar sobre a sua carta...

— É, a minha carta, disse Vicki, interrompendo-a e ficando séria de repente. É horrível ficar assim sem saber se vão me aceitar ou não, principalmente agora que já sei que aceitaram o Ronny e você. Eu já tinha pensado nisso lá no restaurante, na hora que o Tre falou que a banda vai acabar.

Capítulo Três

Fiquei muito "pra baixo". É, como a Amy disse, precisamos fazer uma festa muito legal, pra comemorar a formatura.

– Precisamos mesmo, concordou Selena.

– Sabe o que mais que lembrei lá no restaurante? indagou Vicki. Que as nossas reuniões de segunda-feira na *Mother Bear* também vão acabar.

Havia já vários meses que Selena, Amy e Vicki se encontravam todas as segundas-feiras, às 4:00h da tarde, nessa confeitaria. Ali conversavam bastante, fazendo o que Amy chamava de "purificação de alma". Selena achava o nome meio exagerado, para as conversas que mantinham ali. Para ela, aqueles encontros com as amigas nas tardes de segunda-feira significavam um momento de intimidade. Era uma ocasião em que se abriam umas com as outras, de forma franca e sincera, tomando um chazinho e comendo um pãozinho de canela. Anteriormente, as três tinham tido problemas de relacionamento. Certo dia, porém, conseguiram se acertar e resolveram que teriam de fazer algo para manter e fortalecer essa amizade.

Alguns meses antes, haviam visitado algumas faculdades, e na ocasião Amy tinha deixado bem claro que não pretendia estudar numa universidade evangélica. É que seus pais haviam se divorciado no ano anterior, e ela passara a questionar a igreja e sua fé cristã. Então não queria ir para uma escola onde se falava de questões das quais ela não tinha certeza.

Selena achava que o problema de sua amiga era que ela não expunha o que sentia. Apesar de chamar aqueles encontros delas de "purificação de alma", era a que menos se abria com as outras. Era verdade que sempre as escutava com atenção; e fazia muitas perguntas também. Com isso, nesses últimos meses, Selena e Vicki tinham aprendido que "o amor é paciente". E quando se sabe que uma amiga está sofrendo e precisa de alguém do seu lado, aí o sentido dessa frase fica ainda mais claro. Nesses casos, essa pessoa necessita de alguém que a ame com toda sinceridade e que não fique sempre cobrando mudanças que ela não está disposta a fazer.

Muitas vezes, esses encontros de segunda-feira à tarde eram o ponto alto da semana para Selena, principalmente quando não recebia nenhuma carta de Paul. Sabia que tinha duas amigas que iriam ouvi-la desabafar aquilo que estava em sua mente. Ademais, aprendera que podia confiar nelas, quando se tratava de relatar confidências. Se para Amy aqueles momentos que passavam juntas eram como uma "purificação de alma", para ela eram como um "refúgio seguro".

– Sabe do que vou sentir mais falta? disse Vicki no momento em que Selena parara num sinal. É da sensação que tenho quando acordo segunda-feira. Antes eu detestava levantar de manhã. Mas agora, depois que começamos a nos reunir, eu pulo da cama, penso no que vou vestir e desejo que o dia passe bem depressa pra gente se encontrar.

Selena sorriu. O sinal abriu. Ela começou a atravessar a rua e logo se preparou para virar à esquerda, pois havia uma seta no poste indicando essa conversão. Nesse instante, ouviram o barulho estridente de um carro freando, vindo em sua direção. Vicki soltou um grito. Era uma caminhonete que, no último momento, se desviou do fusca, passando à frente dele e parando bem no meio do cruzamento. Todos os outros carros frearam. Por milagre, nenhum deles bateu em ninguém.

Ao que parecia, o motorista da caminhonete tentara atravessar no sinal amarelo e depois desistira. Freou mas não conseguiu parar o veículo. Todos os motoristas permaneceram uns instantes parados, imóveis, dentro do carro, olhando uns para os outros. Afinal o cara da caminhonete começou a dar ré bem devagar. O motorista do veículo que vinha atrás do de Selena buzinou. O sinal dela agora estava no amarelo, então ela rapidamente engatou a marcha, foi passando por entre os outros carros e entrou na rua que dava para a agência de automóveis.

– Olhe só pra mim, disse Vicki, mostrando a mão. Estou tremendo. Como é que você consegue ficar tão calma, Selena? Nós poderíamos ter morrido. Por pouco, aquela caminhonete não nos atingiu em cheio!

– É, eu sei, replicou a garota em voz baixa.

Dirigia com muito cuidado, em direção à agência. Afinal, entraram no estacionamento dela, onde o carro da amiga ainda se encontrava. Selena desligou o fusca e as duas ficaram sentadas em silêncio, por alguns minutos, sentindo-se ainda meio abaladas.

– Como é que uma pessoa consegue viver, principiou Vicki, virando-se e olhando para Selena, se não sabe se vai para o céu quando morrer? Fatos como esse acontecem com todo mundo, não é? A gente quase sofre um acidente, em questão de segundos, e fica frente a frente com a morte.

Selena fez que sim, ainda tremendo por dentro.

– Se eu não tivesse certeza de que sou salva, continuou a outra, e de que no instante em que morrer vou para o céu, um acontecimento como esse me deixaria totalmente em pânico. Ficaria traumatizada pelo resto da vida.

– É mesmo, concordou Selena. É nesses momentos que sinto algo ruim dentro de mim, ao lembrar de pessoas, como a Amy por exemplo, que não têm interesse em acertar a vida com Deus.

As duas se entreolharam, com expressão de tristeza.

– Precisamos ter uma conversa com ela nesta segunda-feira, comentou Vicki. Nós podemos falar com jeito, de um modo que ela nos dê atenção. Sei que podemos.

Selena concordou.

Após certificar-se de que a amiga chegara com toda segurança, Selena foi para casa. Dez minutos depois que entrou no quarto, Amy ligou. O pai lhe trouxe o telefone sem fio e pediu que ela o levasse para baixo assim que terminasse, pois a bateria estava acabando.

– Alô! disse Selena. Amy?

– Oi, Selena! replicou a outra. Conversei com meu tio sobre a lagosta, e ele disse que amanhã poderá me dizer o preço dela. Acho que se fizermos uma "vaquinha" e todos participarem, não fica muito caro, não. Perguntei a ele também se o restaurante pode nos fornecer a salada e a sobremesa. Assim só teremos de preparar a lagosta, comprar pão e arranjar um legume. O que acha disso?

Selena retirou algumas roupas e uns papéis da poltrona que ficava junto à janela e respondeu:

– Pra mim está ótimo. Mas ainda não conversei com meus pais. Vamos fazer o seguinte, vou falar com eles e depois ligo pra você, 'tá bom? Quantas pessoas você acha que virão?

– Umas dez ou doze. Pelo menos foi o que disse ao meu tio.

– Adivinha quem vai ser uma dessas dez ou doze, falou Selena com um sorriso maroto nos lábios.

– Wesley? indagou Amy.

– Não; dá outro palpite.

– Não sei.

– É uma pessoa que você nunca imaginaria.

– Não é o Nathan! falou Amy meio em pânico. O Ronny não o convidaria não, né? Sei que os dois ficaram amigos, depois que se conheceram no *The Beet*. Mas ele sabe que se o Nathan fosse eu ficaria muito sem graça, não sabe?

– Claro! Não se preocupe, disse Selena, acalmando-a e

assegurando-lhe que seu ex-namorado não seria um dos convidados. Não é o Nathan, não, mas é um rapaz.

— Ah, Selena, diga logo! pediu Amy num tom de quem está começando a se irritar.

Selena sorriu e disse o nome que muitas vezes sussurrava baixinho, numa oração silenciosa. Era o nome do rapaz com quem ela se correspondia havia quase um ano, um nome em que ela pensava muito, mas raramente pronunciava em voz alta.

— É o Paul!

CAPÍTULO QUATRO

— Paul? repetiu Amy. Ele vem pra sua formatura?

— Vem. Recebi uma carta dele hoje. Chega no dia 12 e vai ficar por aqui quatro dias.

— Oh, Selena, você deve estar no céu, hein?

Essas palavras da amiga fizeram com que Selena se lembrasse do que lhe acontecera alguns momentos antes. Ainda sentia aquele aperto no estômago por causa da colega. E foi por isso que resolveu mudar de assunto.

— Eu queria lhe perguntar algo, Amy, e espero que não fique zangada comigo.

— Claro. Fico não.

Dentre as pessoas que Selena conhecia, Amy era a que mudava de humor mais depressa. Naquele instante, estava de bom humor, e então Selena resolveu falar o que desejava.

— Quando eu estava levando a Vicki pra agência, quase levamos uma batida de uma caminhonete. Aí nós duas começamos a pensar sobre a morte e o fato de que vamos para o céu quando morrermos. E sabe, Amy, não esqueci que combinamos de não conversar sobre isso com você, mas tenho de falar. Fiquei apavorada só de pensar que você não sabe se vai para o céu, pois está muito incerta com relação a Deus.

A única reação da amiga foi ficar em silêncio.

– Amy, não fique com raiva de mim, não. Eu tinha de dizer isso porque me preocupo de verdade com você. Amy, gosto muito de você e não quero que vá para o inferno.

Nesse instante, ouviu um forte ruído de telefone sendo desligado, e logo em seguida o sinal de ocupado no aparelho.

Que é que eu fui fazer? pensou Selena, baixando a cabeça e cobrindo o rosto com as mãos. *Por que fui falar dessa maneira? Por que não esperei até segunda-feira, como a Vicki sugeriu, deixando que ela falasse? Por que sempre tenho de falar o que penso e extravasar meus sentimentos desse jeito?*

Mas antes que a garota prosseguisse nessa autocondenação mental, o telefone, que ainda estava em seu colo, tocou de novo. Pegou-o rapidamente, apertou o botão para ligá-lo e disse:

– Desculpe, eu não deveria ter falado daquele jeito.

Quem estava do outro lado da linha não disse nada. Foi então que lhe ocorreu que não fora Amy quem ligara.

– É você, Amy? indagou ela.

– Selena? perguntou uma voz masculina.

– É, replicou.

O homem soltou uma gargalhada, num tom de voz grave. Ela não tinha a menor idéia de quem se tratava.

– Parece que você e a Amy estão tendo outra discussão feia, falou ele.

– É, mais ou menos, respondeu ela meio cautelosa, tentando identificar a voz e se indagando por que ele dissera aquilo.

– E fora esse problema com ela, está tudo bem com você aí? indagou ele.

– Muito bem, replicou ela, falando devagar. E com você?

Estava esperançosa de que ele desse alguma "dica". Aí, porém, o fone começou a dar uns estalidos, e a resposta dele saiu abafada, parecendo muito distante. Selena não conseguiu entender direito.

Ah, não! pensou apavorada. *A bateria está acabando!*

– Liga de novo! pediu ela, gritando. Se você estiver me ouvindo, vou desligar aqui, porque a bateria deste telefone está no fim. Aí você me liga de novo, tá?

– Ei, você está aí? disse a voz dele, agora bem alto e com clareza.

– Estou, disse ela. Mas tenho de trocar de aparelho. A bateria deste aqui está acabando. Você pode ligar de novo?

– Claro.

Ouviu novamente os estalidos e imediatamente desligou. Desceu a escada correndo e se perguntando quem seria ele. De repente, sua cabeça como que deu um estalo e ela entendeu. Soltou um grito e desceu os últimos quatro degraus batendo os pés com força. Chegando embaixo deu uma deslizada no assoalho de madeira, já que estava só de meias.

Seu pai veio da sala correndo, segurando o controle remoto da televisão.

– Que foi? indagou ele.

– É o Paul! Ele ligou pra mim, mas tive de desligar.

Sua mãe também apontou na porta, vindo da sala, e disse:

– Ele vai ligar de novo, não vai?

Nesse instante, o telefone tocou. Selena apertou o botão para ligá-lo, mas a campainha continuou soando. O Sr. Harold saiu na frente dela, dirigindo-se para a saleta. Selena foi logo atrás.

– Pai, não faça isso! Pai!

Mas ele pegou o aparelho antes que a garota pudesse agarrá-lo. O pai de Selena tinha muitas qualidades positivas, mas possuía também um grave defeito: gostava de atazanar a vida dos rapazes que se interessavam por suas filhas. Como Tânia estava morando fora, "jogava" suas brincadeiras todas em cima dos amigos de Selena. Coitado do Paul! Estava ligando da Escócia e certamente não entenderia as piadas malucas de seu pai. Dessa vez, provavelmente era ele que iria desligar.

– É o Paul? indagou o pai de Selena, atendendo ao telefone.

A garota tentou afastar o aparelho do ouvido dele, mas ele o segurou firme com ambas as mãos.

– É Harold Jensen, Paul. Gostaria de saber quais são exatamente suas intenções com minha filha.

– Papai! exclamou Selena por entre dentes. Não faça isso! Por que o senhor não se torna um pai normal e vai simplesmente jogar golfe?

O pai ergueu as sobrancelhas, aparentemente aprovando a resposta do rapaz.

– Bom, nesse caso, vou deixá-lo conversar com ela, isto é, se ela ainda quiser falar com você.

Selena pôs uma das mãos no quadril e estendeu a outra para pegar o aparelho.

– Isto é, continuou seu pai, prolongando ainda mais a agonia da garota, eu deveria dizer, se você ainda quiser falar com ela. Ontem ela tingiu o cabelo de azul e extraiu todos os dentes, mas as espinhas no rosto estão começando a secar...

– Papai!

O pai deu uma risada com a resposta de Paul.

– Está bem; vou passar pra ela. Foi um prazer falar com você. Tudo de bom!

O Sr. Harold estendeu o aparelho para a filha. Ela colocou a mão sobre o bocal e ficou esperando que ele saísse e fechasse a porta.

– Oi! disse ela afinal, procurando aparentar calma. Deveria lhe pedir desculpas pelo meu pai, mas, quando ele está assim, na verdade, não tem desculpa.

— Eu disse pra ele que você fica bem de azul, portanto o cabelo azul não é nenhum problema.

Selena riu.

— É bom escutar sua risada, "princesinha dos lírios", comentou ele.

A voz do rapaz estava clara. Parecia que ele se achava muito perto, quase como se estivesse do seu lado. A garota fechou os olhos e deixou que aquele apelido carinhoso fosse entrando devagarzinho em seu coração.

— E é muito gostoso ouvir sua voz também, disse ela.

Teve a sensação de que iria começar a chorar e fechou os lábios com força. Coitado dele! Já era o segundo telefonema que teria de pagar; e ainda tivera de suportar aquele diálogo forçado com seu pai. Agora o que ele não iria querer mesmo era ouvi-la chorar de alegria.

— Recebi sua carta hoje, informou ela, esforçando-se para conversar num tom bem controlado.

— Ótimo! Então já está sabendo que estou planejando chegar dia 12. Posso ir à sua formatura?

— Claro! Vou gostar muito! Eu e meus amigos estamos pensando em fazer uma festa; talvez um jantar. Provavelmente vai ser em minha casa. Estou muito feliz de saber que você estará aqui.

— Ei, mas espere aí! Você está sendo sincera, não 'tá? Eu não vou atrapalhar seus planos com seus amigos nem "arrombar" sua festa, né?

— Não! Absolutamente! Sua presença aqui vai ser a melhor parte de tudo!

Paul não respondeu de pronto. Selena mordeu o lábio. Será que falara demais? Será que demonstrara muita ansiedade pela presença dele? O rapaz já lhe dera a entender que queria levar o relacionamento deles mais "devagar". Ele nunca havia terminado suas cartas com a costumeira saudação: "Com amor..." Nunca dissera nada que pudesse dar a entender que eram namorados. Sempre a tratara como uma simples amiga. Selena é que volta e meia se precipitava um pouco, enxergando nas entrelinhas do relacionamento deles algo que não existia. Entendendo isso, ela tentara se conter, ir mais "devagar" e ver a situação de forma mais realista. Será que agora estragara tudo?

— Sabe o que mais? disse o rapaz afinal. Encontrar com você vai ser a melhor parte da minha volta pra casa!

A garota sentiu o coração leve. Nunca esperaria que Paul dissesse algo assim. De repente, ficou meio acanhada, o que não era nada natural nela. Sua cabeça estava a mil, pensando no que haveria por trás dessas palavras. O que será que ele quisera dizer? Será que desejava avançar um pouco mais no relacionamento deles?

— Selena, estou ansioso pra conversar com você sobre uma porção de assuntos, continuou ele. Vai ser maravilhoso poder estar frente a frente com você e dizer tudo que quero.

— Hum hum! replicou ela.

Foi a única coisa que conseguiu dizer; e ficou a se xingar mentalmente, procurando uma resposta mais inteligente.

— Lembra-se daquele café aonde fomos no ano passado? indagou Paul.

— Lembro; é o *Carla's Café*, respondeu a garota rapidamente. Claro que lembro.

— Ótimo! Espero que você ainda saiba ir lá, disse ele. Acho que seria bom a gente dar uma chegada ali para tomar uma xícara desse nosso maravilhoso café daí. Sei que parece bobagem, mas tenho muita saudade de um *capuccino* que tomava em uma lanchonete do tipo *drive-thru*, quando morava aí. Se me lembro bem, o café do *Carla's* também é muito bom.

— Ahn... disse Selena.

Outra resposta pouco inteligente. Sentiu as emoções indo "lá embaixo" quando ele falou que estava ansioso para tomar café no *Carla's*. Ela também "sonhava" com aquele lugar. Só que, em *seus* "sonhos", os dois se sentavam na mesma mesinha perto da janela que haviam ocupado um ano atrás. Dessa vez, porém, Paul pegaria em sua mão e lhe diria que a amava, em vez de zombar dela por lhe terem dito que Selena nutria uma paixãozinha por ele.

— O que você achou do resto da carta? indagou o rapaz.

— Pra dizer a verdade... principiou ela.

Ia contar que não tivera oportunidade de ler a carta toda, mas ele a interrompeu, dizendo:

— Claro que você vai me dizer a verdade. Nisso você é especialista. Você é uma pregadora, Selena. Prega a verdade! Aliás, esse era um dos assuntos que eu queria conversar com você pessoalmente, mas acho que posso falar de uma vez. Reconheço que já a chateei muito, pelo fato de você ser tão criteriosa. Ultimamente, porém, aprendi a dar valor a essa sua qualidade; e queria lhe dizer isso.

— Obrigada!

Naquele instante, o único pensamento que lhe ocorreu foi que, pelo fato de "pregar" a verdade, talvez tivesse afastado Amy de sua vida de uma vez por todas. Contudo disse para o rapaz:

— Muito obrigada pelo incentivo!

— Sou eu que tenho de lhe agradecer pelo seu incentivo, disse Paul. As cartas que você me escreveu neste ano que passou foram muito importantes pra mim. E assim também foram os versículos que me mandou e as orações que fez em meu favor. Você não imagina o quanto me influenciou, Selena. Estou falando sério. Acho que Deus a usou muito pra operar uma grande mudança em minha vida. Foi por isso que escrevi aquela poesia que mandei no final da carta. Foi o primeiro poema que fiz especialmente pra você.

Aqui ele fez uma pausa. Selena só conseguiu responder:

– Obrigada, Paul!

Agora seria muito sem graça se dissesse que ainda não tinha lido a carta toda.

– Eu pensei em esperar quando estivesse aí para lê-lo pessoalmente para você, mas depois resolvi mandar. Existem palavras que são mais fáceis de dizer numa carta do que frente a frente.

– É verdade, concordou Selena.

– Bom, disse ele, acho melhor ficar por aqui, senão não vou ter dinheiro pra pagar nosso café, quando formos ao *Carla's*, brincou.

Imediatamente Selena procurou pensar no que deveria lhe perguntar antes que ele desligasse.

– Alguém vai buscá-lo no aeroporto?
– Sim. O Tio Mac vai me pegar.
– A que horas seu vôo chega aqui?
– Por volta de 10:00h.
– Da manhã? indagou Selena esperançosamente.
– Não; da noite.
– Ah! Estou muito feliz de saber que você vai chegar. Vai ser ótimo vê-lo e poder conversar pessoalmente, disse a garota, tentando controlar as emoções.

Sua vontade era extravasar impulsivamente tudo o que queria lhe dizer, e falar:

"Eu o amo, Paul MacKenzie! Não vejo a hora de o abraçar e sentir aquele perfume de pinho, da sua loção após barba!"

Felizmente para os dois, ela se conteve e guardou o que pensava só para si.

– Assim que eu chegar na *Highland House*, ligo pra você.

Se estiver muito tarde, ligo no dia seguinte pela manhã. Faltam só uns dez dias, Selena.

– É, eu sei, replicou ela, num tom de voz que revelava o quanto estava ansiosa. Vou ficar contando os dias!

Houve uma pausa curta, e Paul respondeu:

– Eu também, "princesa dos lírios"!

E desligou.

Capítulo Cinco

Assim que Selena ouviu o ruído do telefone desligando, teve a sensação de que estava sem ar. Ainda se encontrava parada, em pé, no meio da saleta, no mesmo lugar onde pegara o aparelho da mão do pai. Não se movera nem um centímetro durante todo o tempo em que conversara com Paul. Nem ao menos pensara em se sentar. Era como se tivesse saído das dimensões de tempo e espaço. Parecia que, se fechasse os olhos com força, talvez ainda pudesse escutar a voz do rapaz no telefone que ainda segurava junto ao ouvido. Contudo só ouviu os ruídos característicos do aparelho desligado.

Como se estivesse saindo de um profundo sono e acordando para um novo dia, ela abriu os olhos lentamente e, não sem certo esforço, recolocou o fone no gancho. Queria recordar cada palavra que ele dissera, cada variação no seu tom de voz.

Oh, a poesia! Minha poesia! pensou.

Saiu correndo da saleta e pegou a mochila que estava pendurada no cabideiro da sala.

– O Paul já está com tudo resolvido pra viagem? perguntou a mãe, aproximando-se.

– 'Tá, disse ela. Ele vai chegar dia 12, depois de 10:00h da noite, explicou, enfiando a mão na mochila e tirando a carta. Então não vai dar pra fazermos o jantar de comemoração.

– Como assim? indagou D. Sharon.

– Ah, eu ainda não tinha falado com a senhora sobre isso. Estamos pensando em fazer um jantar pra festejar a formatura. Amy disse que ela pode arranjar lagosta pra nós.

Assim que mencionou o nome da amiga, lembrou-se de como a outra batera o telefone em sua cara, vinte minutos atrás. Teria de ligar para ela. E precisava conversar com a mãe sobre os planos da festa. Contudo o que queria mesmo fazer era voar para o quarto para ler a carta de Paul; e guardar no coração a poesia que ele compusera especialmente para ela.

– E você está querendo fazer a festa aqui? perguntou a mãe.

– Estou. Se puder... Só que agora não sei mais quando vai ser. Pensei em fazer na véspera da formatura, mas o Paul não vai chegar a tempo, e eu queria muito que ele viesse ao nosso jantar.

– Mas, filha, interveio a mãe, mesmo que faça a festa só com seus amigos, sem o Paul, pode ser muito legal.

Imediatamente ocorreu a Selena que, nesse caso, ela "faria par" com o Warner.

– Não, mãe, respondeu, pode crer, não vai ser a mesma coisa. Só quero fazer a festa depois que ele chegar.

As duas ficaram paradas ali por alguns instantes, pensando em outras opções, mas nenhuma delas parecia adequada.

O pai de Selena, que estava na sala e escutava a conversa, sugeriu:

— Por que não fazem no mesmo dia da formatura? Nós podemos planejar a festinha da família para a véspera. Nosso pessoal vai embora logo depois da colação de grau, e vocês podem fazer a festa aqui à noite. A colação não vai ser às 14:00h? Pois é. Terão muito tempo para se prepararem para o jantar.

— E os colegas dela, Harold? lembrou a mãe. Talvez eles tenham alguma comemoração em casa no dia da colação.

— A Amy não vai, interpôs Selena imediatamente. A formatura dela é neste final de semana. E Ronny não disse se vai haver muita gente na casa dele. Agora, a Vicki, eu não sei.

— É, então vale a pena tentar, comentou a mãe. Mas assim que vocês decidirem, me avisem, para eu ligar para os nossos parentes.

Selena voltou para a saleta com a carta na mão. Assim que pudesse iria lê-la, mas antes teria de fazer alguns telefonemas. Discou o número da Amy e ficou aguardando que ela atendesse, sem saber exatamente o que iria dizer. Na sexta vez que o fone tocou, ela atendeu.

— Sou eu, disse Selena. Sinto muito o que aconteceu. Quero conversar com você. Pode ser?

— Por que é que você sempre faz isso, Selena? Tudo estava correndo tão bem com nossa amizade, e aí você diz algo que deixa a gente nervosa.

— Eu não peço desculpas pelo que disse, mas pela forma como disse, replicou a garota. Poderia ter dito de um modo melhor.

— Ah, é?

— Mas eu queria lhe falar sobre outro assunto. Pode ser? É sobre o jantar em minha casa. O Paul só vai chegar no dia 12 já bem tarde da noite. Então meu pai sugeriu que façamos nosso jantar na sexta-feira, após a colação de grau, que é às 14:00h. Que tal?

— Eu fico maravilhada com a maneira como você consegue mudar assim de repente!

— Eu mudar? Você é que sempre tem variações de humor, Amy, o tempo todo!

— Só que eu não vivo dizendo que você vai para o inferno e depois lhe telefono e digo: "Será que pode trazer as lagostas na sexta-feira?"

Selena deu um suspiro.

— Foi assim mesmo que você sentiu isso, Amy? Me desculpe. Mas será que podemos esquecer essa questão de céu e inferno por agora, e só falar sobre ela na segunda-feira? Quero conversar sobre isso e lhe explicar por que considero esse assunto tão importante. Mas acho melhor falar quando a Vicki estiver conosco.

— Pra quê? Para as duas me atacarem juntas?

— Claro que não, Amy!

— Você e a Vicki não fazem a menor idéia de como está minha fé e meu relacionamento com Deus.

— É verdade, concordou Selena. E é por isso que desejamos conversar sobre o assunto. Você sempre tem liberdade pra falar sobre aquilo que é do seu interesse, não é? Agora, é justo que também me deixe conversar sobre o que é importante pra mim.

Amy não replicou logo, mas em seguida disse:

— 'Tá bom. Você tem razão. Na segunda-feira poderemos discutir esse assunto. Ah, sim, acho que podemos fazer o jantar na sexta-feira, pois vou estar de folga do trabalho.

— Ótimo! exclamou Selena. Ótimo, não, excelente! Então vou ligar para o pessoal pra ver se podemos marcar para aquela noite.

Capítulo Cinco

— O.k., depois a gente se fala, então.

Selena telefonou para Vicki e Ronny e lhes contou sobre o que havia planejado com Amy. Ambos disseram que iriam conversar com os pais e tentar convencê-los a antecipar a festinha da família para a véspera, como seria na casa de Selena. Achavam que os parentes que viriam para essa comemoração seriam em pequeno número. Portanto havia uma boa probabilidade de conseguirem mudar a data. Ronny ficou de telefonar para os caras da sua banda e falar com eles sobre o assunto. Vicki iria ligar para Margaret e mais duas garotas que elas pensavam em convidar para o jantar.

Tudo resolvido, Selena subiu para o quarto bastante ansiosa. Queria ler a carta de Paul sem mais interrupções. Ao passar pela sala, onde os pais assistiam à televisão, deu uma paradinha e viu o final de um engraçado comercial. Aproveitou para lhes dizer que tudo estava dando certo. A mãe então disse que iria começar os preparativos no dia seguinte e recomendou à filha que não ficasse tensa com relação a nada.

— É sua festa de formatura, querida, disse ela. Queremos que tenha momentos memoráveis e curta bem todos os eventos, tanto com os familiares como com os amigos.

Obedecendo a um impulso, a garota correu até eles e deu um abraço em cada um.

— Vocês são os melhores pais do mundo, sabiam?

Pegos de surpresa, os dois se entreolharam com uma expressão de satisfação no rosto.

— Faz favor de dizer isso para o Kevin, 'tá bom? disse o pai. Ele está muito chateado porque não queremos deixá-lo ir ao Parque Estadual de Burnside, no sábado, com os colegas da escola.

— Ele 'tá querendo ir lá? indagou a garota. Mas ele é muito pequeno. Os skatistas que vão lá são todos na faixa dos dezesseis, dezessete anos, e bem mais experientes que ele.

Eles iriam atropelá-lo. Além disso, neste sábado vai ter o Desfile das Rosas, e o centro da cidade vai estar lotado de gente.

— É mesmo! interveio a mãe. Acho que nós todos — a família toda — devemos ir ver o desfile.

— Eu vou ter de trabalhar, explicou a garota. Não posso pedir mais nem uma folga. D. Amélia já vai me dispensar no próximo final de semana, por causa da formatura.

— Mas talvez a gente vá assim mesmo, disse o pai. Se o tempo estiver bom, poderá ser um ótimo passeio pra Vó May.

— Tem razão, disse Selena. Bom, vou para o meu quarto. Obrigada por terem trocado o dia da nossa festa por minha causa.

— Ter flexibilidade é um sinal de boa condição mental, citou o Sr. Harold.

A garota olhou para a mãe como que pedindo uma explicação.

— Ele andou lendo aqueles panfletos que o médico nos deu na semana passada, quando levamos sua avó para fazer o *check-up*.

Selena fez um aceno de cabeça, dando a entender que compreendera, e em seguida subiu para o quarto, com a carta de Paul na mão. A avó de Selena tinha problemas de saúde, ainda não muito bem explicados, que vinham piorando de forma gradual nos últimos anos. Algumas vezes, ela se mostrava perfeitamente equilibrada, com a mente lúcida e tranqüila. Entretanto, de repente, ela se alterava, parecendo estar em outra dimensão. Aí ficava confusa, sem dar tino de nada. Fora por causa disso que Selena e seus familiares haviam se mudado, cerca de um ano e meio atrás, para a grande mansão vitoriana onde moravam agora. Estavam ali para cuidar dela. Todos eles amavam muito sua avozinha e tinham muita consideração e compreensão para com ela, na maior parte do tempo. De vez em quando, porém, essa tarefa se tornava exaustiva, principalmente para a mãe, que era quem mais se encarregava dela.

A sós em seu bagunçado quarto, Selena foi direto para a poltrona que ficava perto da janela. Abriu as cortinas de tecido transparente e elevou a vidraça até o ponto máximo. Usou uma tabuinha para calçá-la. A deliciosa brisa noturna soprou para dentro do aposento, levantando o cortinado. No imenso cedro que ficava logo em frente, dois passarinhos começaram a cantar, soltando um trinado alegre. O céu estava com um belo tom azulado, como que formando um fundo para uma linda jóia – a lua em quarto crescente, cor de marfim, aparecendo logo acima da copa da árvore.

Selena respirou fundo, enchendo os pulmões com os doces perfumes que pairavam no ar naquele anoitecer. Em pensamento, agradeceu a Deus por todas as belezas que ela podia curtir. Agradeceu por seus pais, pelo amor e pela compreensão que eles demonstravam. E deu ainda mais graças por seu Pai celeste e por sua bondade para com ela.

Sentindo-se disposta e alegre, resolveu acender uma vela decorativa que havia em sua mesinha. Era um presente que Vicki lhe dera em seu aniversário, meses atrás. Como a amiga sabia que ela gostava de lírios, comprara-lhe essa vela no formato de um belo lírio amarelo. Ela a colocara sobre um pires, com a "boca" da flor voltada para cima, e o pavio bem no meio da "corneta".

A garota pegou o pires e o depositou sobre a cômoda. Deu uma espiada para sua imagem refletida no espelho e ajeitou um pouco o cabelo, que era bem "rebelde". Abriu a gaveta e remexeu nela à procura de seu *lip gloss*. Passou um pouco no canto dos lábios, onde a pele estava ressecada. Depois sussurrou outra oração de agradecimento a Deus por haver dado livramento a ela e a Vicki daquele acidente com a caminhonete.

Como ainda era cedo, resolveu passar uns bons momentos ali, fazendo algo que fazia apenas esporadicamente, pois demorava muito. Primeiro, leria essa última carta de Paul e, depois, todas as outras que ele lhe havia escrito. Ela as guardava numa velha caixa de chapéus de sua avó, que encontrara no sótão, na época do Natal. O pai pedira que ela fosse lá pegar algumas luzinhas para a árvore, e fora então que encontrara aquela caixa prateada e se encantara com ela. Dentro havia algumas folhas de papel de seda amarelo, amassadas, mas não tinha nenhum chapéu. A avó provavelmente já se desfizera dele.

Abriu a gaveta de baixo da cômoda e pegou a caixa. Acomodou-se bem na poltrona que ficava junto da janela, preparando-se para uma longa "conversa" com Paul, naquela belíssima noite de junho.

Primeiro leria a carta mais recente. Saltou o pedaço que já havia lido, onde ele falava que estava planejando chegar dia 12, e depois continuou.

E nesses momentos em que estou me preparando para ir embora, percebo o quanto minha vida mudou, depois que cheguei aqui, naquele chuvoso dia de junho do ano passado. Acho que quando desembarquei em Edimburgo, meu coração se encontrava tão frio e indiferente para com Deus quanto a chuva que caía. Mas as estações foram mudando, e eu também mudei. Pra falar a verdade, creio que, nesses doze meses que passei aqui, vivi várias vezes a minha vida, ou, pelo menos, várias "estações".

Hoje, pela primeira vez na vida, posso dizer que realmente conheço a Deus. Será que essa afirmação é meio ousada? Mas é o que sinto. Agora ele não é mais uma Pessoa que está "por aí", ou que se manifesta em outros, como meu pai e meu avô. Ele está vivo em mim. Não sou eu mais quem controla minha existência.

Agora encontro-me "escondido" dentro da vida eterna de Deus. E enquanto estiver aqui na Terra, o Bom Pastor é que dirigirá meu viver.

Você conhece aquela figura de Jesus como o Bom Pastor, não conhece? Está em João 10. Nos últimos meses, essa passagem se tornou muito real para mim, principalmente o trecho que diz que "ele chama pelo nome as suas próprias ovelhas" e "eu sou a porta das ovelhas... se alguém entrar por mim, será salvo; entrará, e sairá, e achará pastagem". Finalmente eu entrei por essa porta e estou achando pastagem, como diz o versículo.

Aqui na Escócia é muito fácil se aprender acerca de ovelhas. Cada dia que passa, mais compreendo como elas são meio "perdidas". Às vezes, seguem os outros animais do rebanho, em vez de acompanhar o pastor. Por diversas vezes, vi que o fato de uma ovelha não seguir a direção do pastor pode terminar em tragédia, principalmente quando ocorre uma tempestade.

E por que estou dizendo tudo isso? Porque sou ovelha; e durante muito tempo segui o balido insensato de outros animais. Mas agora ouvi a voz do meu Pastor, que me chamou com toda paciência para que me aproximasse dele, e eu fui.

Deus atendeu suas orações, Selena. Agora não volto mais atrás. Como é que posso lhe agradecer por ter insistido em me apresentar a verdade, mesmo quando eu não estava a fim de ouvir? Nem sei dizer o quanto sua intercessão foi importante pra mim. Você nunca desistiu, apesar de muitas vezes eu nem lhe dar incentivo nenhum para orar. E você também é uma das ovelhas do Senhor Jesus, Selena; aliás, uma muito especial. Você tem uma sabedoria incomum para sua idade. Defende suas convicções e proclama a verdade com toda coragem. Muito obrigado!

Selena parou de ler um pouquinho, para pegar um lenço de papel. Suas lágrimas estavam caindo no papel e manchando a carta. Estava admirada de Paul ter dito tudo aquilo. Nas outras cartas, ele nunca se abrira tanto.

    Assoou o nariz e jogou o lenço no chão. Em seguida, continuou a ler. Faltavam mais duas folhas de papel de seda bem fino, com a letra grande do rapaz. Iria ler e guardar no coração.

Capítulo Seis

Selena pegou a página seguinte e se pôs a lê-la, começando em cima.

Tenho orado muito, buscando saber o que o Pastor deseja que eu faça quando for embora daqui. A primeira providência que creio que ele deseja que eu tome é procurar diversos colegas da escola, em Portland, para pedir perdão. Quero dizer para eles o que Deus fez em minha vida, e como ele me transformou. Essa é uma das razões por que desejo ir aí antes de seguir pra minha casa.

Depois, pretendo ter uma conversa séria com meus pais, para acertar alguns pontos com eles. Estou percebendo que é bem mais fácil errar do que consertar os erros. Cheguei a pensar em escrever pra eles ou telefonar-lhes, mas depois achei que será melhor conversar pessoalmente. Terei de pedir perdão a eles também, por alguns erros que cometi.

Sei que Deus já perdoou meus pecados passados, mas não foi só contra ele que errei. Portanto preciso fazer tudo que puder para reparar meus erros com diversas pessoas. Por favor, ore por mim nesse sentido, tá bom? Não vai ser nada fácil, mas sei que esse é o próximo passo que tenho de dar.

Além disso, assumi um sério compromisso com Deus a respeito do meu futuro. Creio que ele quer que eu entre para o ministério, que trabalhe em algum tipo de serviço cristão. Não sei se é para eu ser pastor, missionário, atuar num serviço cristão em tempo integral, como o Tio Mac, ou ainda alguma outra atividade. Só sei que é isso que devo fazer; e estou muito empolgado com a idéia de caminhar com o Senhor daqui pra frente. Então, por favor, ore por mim, mais até do que já orou.

Antes de terminar, quero lhe mandar uma poesia que compus especialmente para você, Selena. Eu a escrevi algumas semanas atrás, depois que voltei de uma caminhada nas montanhas. Na hora que saí pelo portãozinho e entrei no pasto, lembrei que seria minha última caminhada nessas colinas que aprendi a amar.

Queria que você visse os novos cordeirinhos que nasceram há uns dois meses. Eram tão pequeninos! E ficavam bem juntinhos da mãe. Ao ver aquilo, lembrei-me de como me sinto "pequeno" e de como estou ansioso para permanecer bem perto de Jesus, meu Bom Pastor. Essa minha conversa com Deus, quando senti que ele me chamava para o ministério, foi anteontem. Talvez algum dia eu lhe conte como isso aconteceu.

Mas o que me levou a escrever esta poesia foi uma cena que vi e nunca mais vou esquecer. Eu tinha acabado de atravessar uma campina e começara a subir o morro. Depois de alguns instantes, cheguei a um lugar onde o terreno era muito pedregoso. Ali havia muita urze silvestre. Não gosto muito dessa flor; é espinhenta e tem uma cor meio desbotada. Mas de repente, no meio delas e bem perto de uma pedra grande e cinzenta, vi um lírio amarelo, com a "corneta" voltada para o alto. Parei e fiquei admirando-o. É que aquele simples lírio embelezava toda aquela colina tão sombria.

Aí me lembrei de você, "princesa dos lírios". Você é como aquela flor amarela, destacando-se no meio de tudo, contrastando com

Capítulo Seis

tudo que é medíocre. *Suas palavras são como um vibrante toque de clarim, num mundo cheio de vidas pálidas e espinhentas. E sabe o que mais? No dia em que a conheci, eu disse algo que agora vou repetir: não mude nunca, Selena!*
Com carinho,
Paul

A garota teve de pegar mais lenço de papel, antes de começar a ler a poesia. Estava com os olhos embaçados pelas lágrimas e o nariz escorrendo. Seu coração estava todo derretido.

Respirou fundo e deu uma olhada para a luz da vela em formato de lírio, que tremulava ali perto. Nesse momento, desejou que já tivesse lido toda a carta antes do telefonema do rapaz. Teria dito muito mais coisas para ele.

E dessa vez, ele terminara a carta com as palavras "Com carinho". Nunca fizera isso antes.

Jogando no chão mais dois lenços de papel, ela se virou e acendeu o abajur que ficava ao lado da poltrona. Agora já escurecera bem. O canto dos pássaros estava mais suave, e a luz do poste da rua fazia "concorrência" ao luar. Nunca em sua vida, Selena sentira o que estava sentindo naquele momento. Também ninguém nunca lhe dissera aquilo que Paul escrevera na carta. Ninguém lhe falara que ela estava certa em ser como era – mais do que certa – e que era uma pessoa muito especial, singular e querida.

– "Com carinho", leu ela de novo. É bom demais!

Deixou no colo a última página da carta, a que tinha a poesia. Passou-lhe pela mente não lê-la.

E se eu não gostar dela? E se for uma poesia exageradamente sentimental? Será que estou preparada para dar corda aos sentimentos que tenho por Paul? Eles já se acham aprisionados em mi-

nha alma há tanto tempo! Minha vida se complica muito quando deixo minhas emoções ficarem desenfreadas, causando uma porção de estragos por aí. O que será que vai acontecer se eu as soltar?

Então, de repente, ela enxergou algo: estava muito diferente. As afetuosas palavras de Paul haviam conseguido mudar a visão que tinha de si mesma. Aliás, elas ficaram impregnadas em sua memória. Devia ler o poema. Precisava devorar cada palavra que ele dissera, e principalmente porque era uma poesia que o rapaz escrevera só para ela.

O título era uma palavra só: "Lírio".

Você está aí, de pé, valente, junto à sua Rocha,
Proclamando a verdade,
Eterna e imutável,
Para uma multidão espinhenta,
Orgulhosa, resistente,
Que zomba do que você diz.
Mas você continua firme, junto à sua Rocha,
Anunciando a verdade, em alto e bom som.
Valente Lírio dourado.
E alguém, no meio dessa multidão,
Orgulhoso, resistente,
Acolheu suas palavras
No coração.
E nunca mais ele será o mesmo.
Então, Lírio, belo Lírio,
Continue firme e valente,
Surpreenda o mundo,
Como só você sabe surpreender.

Selena releu o poema, bebendo as palavras de Paul e notando que ele a chamara de "belo Lírio". No fim da página, havia um PS. Dizia:

Capítulo Seis

Devo dizer que, no dia em que fiz essa caminhada tão inspirativa, havia lido o livro de Filipenses. Quando você puder, dê uma lida em Filipenses 1.19-21. Esse texto me fez pensar em você. Copiei esses versículos num pedaço de papel e pus em minha carteira. Acho que posso dizer que os escolhi como lema pra minha vida. Até breve,
Paul

A garota recostou-se na poltrona e olhou para fora, pondo-se a admirar a suave noite de junho. Permaneceu ali um longo tempo, sentada quieta, os olhos fixos lá fora, com a carta no colo. Acabou não lendo as outras cartas dele. Dentro de mais dez dias, ela o encontraria. Iria olhar bem dentro de seus olhos azuis e ouvir sua voz grave. Será que ele a tomaria nos braços, junto ao coração, num abraço apertado? Que será que ele pensaria quando a visse? Ela havia mudado muito, desde que ele a vira pela última vez, um ano atrás. Ou pelo menos, ela achava que mudara. E com isso ela se deu conta do quanto era jovem e inexperiente quando o conhecera.

Lembrando isso, deu um sorriso. Eles haviam se conhecido perto de um telefone público, no Aeroporto Heathrow, em Londres. Selena estava aguardando que ele terminasse sua ligação, para então poder telefonar para os pais. Num dado momento, ele se virara e lhe pedira dinheiro emprestado, algumas moedas, para colocar no aparelho e concluir seu telefonema.

Que engraçado! pensou. *Ele estava telefonando pra Jalene, sua ex-namorada. Puxa! E eu lhe dei dinheiro pra ligar pra ela! Ei, espere aí! Acho que ele não me pagou. Vou ter de cobrar quando me encontrar com ele... daqui a apenas dez dias.*

No dia seguinte, na escola, Selena ainda se encontrava meio no ar, sonhando acordada. Tinha a impressão de que nem adiantava assistir às aulas. Parecia que os professores estavam mais infectados com o "vírus" das festas de final de ano do que os alunos. No primeiro horário, o professor mostrou um vídeo. No segundo, a professora deixou os alunos livres para estudarem para a prova, que seria na quinta-feira. No quarto, como o tempo estava muito bom, o professor liberou a turma para ir para o pátio, sentar-se por ali e conversar.

No fim do dia, Selena percebeu que não havia realizado nada. Não tinha aprendido nenhum dado novo. Não estudara nada. Aproveitara o tempo, arquitetando planos para os dias que ela e Paul passariam juntos. Primeiro, seria a colação de grau e o jantar. Depois foi fazendo uma lista mental com vários itens. Iriam fazer um piquenique na Cachoeira Multnomah. Fariam um passeio de barco no Rio Willamette, onde jantariam. Passariam uma tarde folheando livros na Livraria Powell's, no centro da cidade. Em outra noite, alugariam uma fita e assistiriam a um filme em casa, comendo a famosa pipoca caramelada que sua mãe fazia. Dariam uma caminhada até a Mansão Pittock, que ficava numa colina de Portland. E por fim iriam a um concerto ou a uma peça de teatro, dependendo dos eventos que estivessem sendo realizados na cidade. Se nenhum deles lhes interessasse, poderiam ainda fazer uma visita aos museus de arte existentes na região. Ah, e naturalmente iriam ao *Carla's Café*, pelo menos uma vez.

E à medida que a semana ia passando, Selena continuava desenvolvendo seus planos. Anotou tudo numa folha de papel e foi fazendo verificações a respeito de cada um. Ligou para o teatro para saber os horários dos concertos e das peças. Checou a administração dos barcos para ficar a par do preço do passeio. Consultou a Livraria Powell's, para saber o horário de funcionamento. Acabou enchendo todo um caderninho com as informações completas de tudo. Chegou até a pegar, num restaurante, alguns panfletos com publicidade de outras atrações em que não havia pensado. Dentre elas, havia umas lojas de antigüidades em Sellwood e um passeio ao Rochedo Haystack, que ficava no litoral, na Praia Cannon. Essa época do ano era muito boa, também, para fazer *windsurf* no Rio Columbia. Poderiam alugar *jet skis* em Vancouver, do outro lado do rio. Havia ainda um passeio de trem de ferro, num lugar chamado Campo de Batalha, que passava pelo meio de um parque estadual. Seria outro ponto turístico muito bom para um piquenique.

E o caderninho acabou virando um detalhado e bem organizado guia turístico de Portland e suas imediações. Se Selena pudesse apresentá-lo como um trabalho escolar e receber uma nota por ele, ficaria muito satisfeita, principalmente se fosse numa das provas finais.

No fim das contas, ela recebeu um 9,8 numa das matérias, e dois 9 em outras. Era uma das primeiras vezes, no seu ensino médio, que não tirava 10 em todos os exames finais. Uma das professoras quis saber a razão disso. Ela respondeu que não se esforçara muito porque lhe faltara motivação. Nos anos anteriores, estudara muito para tirar notas máximas e, assim, poder se matricular na faculdade que quisesse. Agora, porém, já fora aceita na Universidade Rancho Corona e conseguira três bolsas de estudo. Ademais estava terminando os estudos. O que ela não explicou foi que sua mente não conseguia se concentrar mais nas matérias, pois estava cheia de informações mais importantes. Uma dessas era que as lojas de antigüidades de Sellwood não funcionavam aos sábados, e outra, os nomes dos filmes que estavam sendo exibidos nos cinemas da cidade.

Na segunda-feira, quando foi se reunir com Vicki e Amy no *Mother Bear*, levou seu caderninho. Abriu-o sobre a mesa e perguntou às amigas o que elas sabiam sobre os dois barcos que ofereciam cruzeiros pelo Rio Willamette.

Vicki disparou a rir e não conseguiu mais parar. Selena se sentiu insultada e ficou indignada.

– Não sei onde está a graça, falou.

– É que você sempre leva tudo aos extremos, explicou a outra, tentando ficar séria. Como foi que teve tempo pra fazer tudo isso? Veio trabalhar dois dias à tarde, e no sábado, o dia todo. Na sexta-feira, fomos à formatura da Amy. E na semana toda, fizemos as provas finais.

– Tive muito tempo, replicou ela.

– A gente sempre acha tempo pra fazer aquilo de que gosta, interpôs Amy, defendendo Selena. Acho que ficou ótimo. Se você quisesse, até poderia vender isso aí pra uma agência de turismo ou algo assim. Poderia inclusive criar sua própria agência, pesquisando e organizando passeios turísticos para o pessoal que vem passar férias aqui.

Selena ficou agradecida a Amy pelo apoio que recebeu dela, mas o fato é que não esperara essa reação das amigas.

– Acho que vocês não estão entendendo nada, comentou, fechando o caderno e afastando-o para um lado. Lembrem-se de que estou me preparando pra receber o Paul. Faz um ano que não o vejo. Ele vai passar aqui apenas quatro dias. Nunca fiz nada junto com ele; nenhum passeio assim. Não sei o que ele vai querer fazer enquanto estiver aqui. Sei que, na Escócia, ele gostava muito de caminhar. Talvez queira fazer caminhadas aqui também, ou quem sabe já esteja cansado disso e prefira ir a um cinema. Preciso estar preparada para o que der e vier. Quero estar com tudo resolvido pra quando ele chegar. Assim não vou perder tempo decidindo o que vamos fazer.

Vicki mudou a expressão, pondo-se mais séria. Fitou a amiga com olhar carinhoso.

– É, você tem razão, disse. Você está muito certa. E realmente, pensando na situação toda, fez a melhor coisa que poderia ter feito. Isso ajudará muito os dois a aproveitar bem o tempo, continuou e, com um brilho diferente no olhar, concluiu: Mas, faz favor, não lhe apareça com esse caderninho assim que ele puser o pé aqui. Ele pode sair correndo!

– Ah, claro que não! concordou Selena. Isso aqui é só pra mim. Ele nem sabe que preparei este caderno.

No fundo, Selena ficou alegre de Vicki ter mencionado essa questão. É verdade que ela não fizera aquele elaborado planejamento achando que Paul iria "vibrar" com ele; não. Contudo, se a amiga não tivesse dito aquilo, era bem possível que, assim que o rapaz chegasse, ela o mostrasse a ele. E provavelmente tentaria convencê-lo a realizar todos os passeios que planejara para os dois.

– É, disse ela, bebericando um pouco do seu chá de hortelã, talvez eu precise mesmo me desligar disso aqui um pouco.

Nesse dia, não estava com vontade de comer o pãozinho de canela, então empurrou-o para o lado das duas amigas, para que elas o dividissem.

– Vocês têm razão, concluiu.

Vicki pegou um guardanapo e limpou um pouquinho de glacê que ficara preso em seu lábio superior.

– Com relação a quê? indagou. O que foi que dissemos?

– Com relação a algo que pensaram, mas tiveram a delicadeza de não dizer, explicou Selena. Minha mente e minhas emoções estão correndo soltas. Tenho de dar uma freada nelas.

Vicki e Amy se entreolharam com expressão séria.

– É, mas não precisa se fechar totalmente, comentou Amy. Tudo que você está fazendo e sentindo está certo. Talvez só deva ir um pouco mais devagar.

Selena ficou surpresa com as palavras sensatas da amiga.

– Obrigada, Amy, disse, pondo a mão sobre o braço dela e apertando-o de leve. Mas as duas precisam se lembrar de que sou inexperiente nessa questão de namoro. Vocês têm algum conselho pra me dar?

Desse vez foi Amy que riu e Vicki quem ficou séria.

– O que foi? indagou Selena, sem saber por que uma pergunta tão sem maldade iria provocar tal reação.

– Se nós temos algum conselho pra lhe dar? repetiu Amy. Cuidado, Selena! Depois lembre-se de que foi você que pediu, hein?

As três se aproximaram mais umas das outras, e em seguida, Vicki e Amy se puseram a falar com a amiga, como se quisessem colocar na cabeça dela a matéria de um ano inteiro, como se ela fosse fazer o exame mais importante da vida.

Capítulo Sete

Já eram 6:10h, quando Selena afinal levantou a cabeça, ao fim de um "curso intensivo" sobre rapazes. Recostou-se na cadeira e fez, para suas professoras, um resumo de tudo que ouvira.

– 'Tá bom, disse. Vamos ver se entendi tudo direitinho. Os rapazes são uns idiotas, mas nós gostamos deles mesmo assim. Nunca devemos lhes dizer o que realmente estamos pensando, pois não entenderão. E depois, se tivermos uma discussão, ainda poderão usar contra a gente aquilo que lhes contamos. Devemos deixar que paguem as despesas na maioria das vezes e podemos ficar preparadas pra ter decepções.

Vicki fez que sim.

– É, disse, é mais ou menos isso.

– E se ele disser que a ama, interpôs Amy, na verdade é só porque está querendo alguma coisa. Então fique atenta.

Selena abanou a cabeça.

– Você duas me causam pena, comentou.

As amigas ficaram espantadas.

– Por que foi que se tornaram tão amargas, se ainda são jovens?

– É a realidade, Selena, confirmou Amy, com expressão séria. Algum dia faça uma experiência e você verá.

– Olhem aqui, retrucou a garota. Eu sinto muito se o relacionamento de vocês com os rapazes foi tão negativo, mas nem todos são assim.

– Então vamos fazer uma prova, Srta. Inocência, sugeriu Vicki, pegando o cabelo longo, torcendo-o e prendendo-o à nuca com uma "piranha". Na segunda-feira que vem, vamos nos reunir aqui de novo e aí você poderá dizer-nos se temos razão ou não.

– Nesta segunda, não, replicou Selena. O Paul ainda estará aqui.

– O.k., na outra segunda, então. Ou quem sabe a gente tenha de fazer uma reunião extra depois que ele for embora, pra você provar que estamos erradas.

– Vocês irão conhecê-lo em minha casa, no jantar na sexta-feira. Aí verão como estão enganadas.

– Ah, e por falar no jantar, interpôs Amy, já sabe com certeza quantas pessoas irão?

Nos quinze minutos seguintes, as três conversaram sobre o número de participantes, o cardápio e outros preparativos para a festa. Selena se esquecera de pensar em alguns detalhes como a bebida, o pão e a hora em que iriam preparar tudo. Então Amy tomou a direção da conversa e fez diversas sugestões. Percebia-se que ela já havia pensado bastante sobre o assunto. Ofereceu-se para levar uma bandeja de frios ainda pela manhã, que Selena poderia tirar da geladeira logo depois da colação de grau. Tão logo a cerimônia terminasse, Amy daria uma chegada no restaurante, pegaria o resto da comida e a levaria à casa da amiga. Assim tudo já estaria pronto para ser servido. Vicki disse que poderia recolher o dinheiro com o pessoal para que, na sexta-feira, Amy já pudesse levar o pagamento para seu tio. Selena se encarregaria dos arranjos necessários na casa. E se ainda houvesse algo mais para ser feito, as três cuidariam disso após a festa da formatura.

– No momento, disse Selena, o Warner é o único que não vai poder ir.

E, como o rapaz era mesmo um incômodo para ela, aqui ela teve de se conter para não fazer mais nenhum comentário. Preferia não demonstrar que a ausência dele não a desagradava nem um pouco. Em seguida, ajuntou:

– Mas eu pensei em convidar o Wesley para nosso jantar, se ele quiser. Acho que vocês não vão se importar, né?

– Pra mim está ótimo, disse logo a Amy, com os olhos brilhando.

Selena teve vontade de falar: "Eu já sabia que você diria isso", mas não o fez. E prosseguiu:

– Acho que ainda não comentei isto, mas creio que a Tânia e o Jeremy estarão aí. Eles vão vir de carro, mas minha irmã ainda terá de acertar alguns detalhes do trabalho dela. Ela vai ter de fazer umas fotos na quarta-feira. Isso significa que terão de dirigir sem parar, para chegar aqui a tempo, na sexta-feira. Se eles vierem mesmo, vocês se importariam se participassem da nossa festa? Acho que o Paul talvez fique alegre de ver o irmão entre nós.

– Mas tenho de saber tudo isso até amanhã, comentou Amy, para encomendar a comida.

– 'Tá bom. Vou ligar pra Tânia hoje à noite.

– Ó gente, disse Vicki, infelizmente vou precisar interromper nossa reunião. Tenho de estar em casa daqui a cinco minutos. Na semana passada, cheguei duas vezes depois da hora marcada. E esta semana não quero ter nenhum problema com meus pais. Então tenho de ir embora voando.

Ela se levantou e pegou a mochila que estava pendurada num cabide de parede, perto da mesa delas.

– Tchau, meninas! Beijinhos! Depois a gente se vê!
E com movimentos rápidos, saiu.
– É, disse Amy se levantando, também tenho de ir.
Selena pegou no braço da amiga para detê-la.
– Ainda não conversamos sobre Deus, disse.
Amy deixou o sorriso bonito ir morrendo no rosto.
– Ah, é mesmo? Outra hora nós conversamos.
Selena ficou sem saber se aquela resposta significava que a amiga estava mais interessada em ouvir a respeito de Deus, ou se se sentia aliviada de não terem tocado no assunto.
– Então, na sexta-feira cedo a gente se vê, disse Selena, erguendo-se também. Se precisar de algo antes disso, você me liga, o.k.?
– Quando é que o Paul chega?
– Na quinta-feira, tarde da noite. Não sei se vou vê-lo na sexta de manhã, ou se ele só vai aparecer na hora da formatura, ou o que vai acontecer.
– Pena que você não pode ligar pra ele pra saber.
Quando Selena se dirigia para casa, pôs-se a pensar se havia um jeito de ligar para o Paul, caso resolvesse fazê-lo. Bem, agora era de manhã na Escócia, muito cedo para ligar. Teria de esperar até mais tarde um pouco. Como arranjaria o número dele? Com o Tio Mac?
Assim que entrou em casa ouviu a voz da mãe chamando-a da cozinha.
– É você, Selena?
– Sou, mãe.
– Ótimo! Poder dar uma chegadinha aqui? Tenho umas coisas pra lhe dizer.
Encontrou a mãe lavando as vasilhas. Sobre a mesa, havia um prato, com arroz, feijão e alguns pedaços de carne, coberto com filme plástico transparente. Entendeu que era para ela.

Capítulo Sete

— Os meninos têm um jogo de beisebol agora à noite, então jantamos mais cedo. Seu pai foi levá-los lá. Várias pessoas ligaram pra você. Uma foi o Paul.

— Ah, é? Eu estava justamente pensando em telefonar pra ele. Quando foi que ele ligou?

— Ah, não sei a hora certa. Foi mais cedo. Disse que os horários da viagem mudaram. Anotei tudo. Está vendo aquele papel ali?

Rapidamente, Selena foi lá e o pegou. Era uma folha de caderneta com um desenho impresso no alto, à esquerda. A mãe anotara ali todas as informações sobre o vôo de Paul. Ele chegaria às 4:15 da tarde.

— Mas isso é ótimo! exclamou a garota. Antes ele ia chegar depois de 10:00h da noite!

— Na verdade, disse a mãe, enxugando as mãos e se aproximando dela para explicar melhor, ele só vai chegar na sexta-feira à tarde, e não na quinta. Eu repassei tudo com ele. Disse que sente muito, mas não vai chegar a tempo da colação de grau. Mas virá direto do aeroporto para aqui, para o jantar.

— Tudo bem, comentou Selena.

Sentia-se um pouco frustrada, pois imaginara-o assistindo à sua formatura. De todo modo, preferia que ele viesse mesmo era à festinha.

— Explicou que foi a companhia aérea que mudou o horário do vôo, completou a mãe. Ele não teve nada a ver com isso.

— 'Tá tudo bem, repetiu Selena. Que bom que ele ainda vai poder vir pra passar uns dias aqui!

— E o melhor de tudo você ainda não sabe. A Tânia também telefonou e disse que o trabalho que ia fazer foi adiado. Então ela e o Jeremy vão sair de San Diego amanhã. Eles vão parar na casa de uns amigos dos pais dele em San Francisco e chegarão aqui na quarta-feira à noite. Então vão participar de nossa festinha da família na quinta-feira. Depois o Paul pode pegar uma carona com eles na volta pra casa, na semana que vem.

— Que dia eles vão embora?

— Pois é. Isso é o que eu disse que é o melhor de tudo. Eles não têm o dia certo. Então pode ser que o Paul fique aqui mais de quatro dias.

Selena sorriu. Sua mãe devia saber o quanto essa notícia era importante para ela. A garota sabia que D. Sharon gostava muito de ir aos jogos de beisebol dos filhos, principalmente numa noite agradável como aquela. Ela curtia bastante esses eventos. Costumava ficar sentada numa cadeira, próximo do campo, torcendo e gritando muito. Contudo ficara em casa só para lhe dar essas notícias pessoalmente. Sorriu alegre de novo.

— E a Margaret também ligou, continuou a mãe. Disse que na sexta-feira só vai poder vir mais tarde, pois sua família vai sair pra jantar após a colação de grau. Mas disse que vai chegar pra sobremesa.

— Então tenho de avisar a Amy, lembrou a garota. Ela vai fazer o pedido da refeição amanhã. O Ronny também não sabe se poderá vir. Os pais dele ainda não decidiram sobre a festa da família.

— Será que se eu ligasse pra eles e explicasse o que estamos planejando ajudaria um pouco? indagou a mãe.

— Não sei, replicou Selena. É, mas não faria mal fazer uma tentativa.

— Você e a Amy vão precisar de mais alguma coisa? Eu pensei que seria bom vocês utilizarem nosso jogo de jantar de porcelana. Temos só vinte e um pratos, por causa daquele problema no Natal. Acha que dá?

— Dá e sobra.

– Agora, lembre que a Tânia chega depois de amanhã. Acho bom você dar um jeito no quarto, senão ela nem encontra mais a cama dela.

– Não tem graça nenhuma, mãe. Aliás, o quarto não está muito bagunçado, não.

D. Sharon ergueu uma das sobrancelhas, duvidando. Era uma mulher de corpo elegante, cabelo curto e lábios cheios e bem formados, como os de Selena. Sempre que ela erguia uma sobrancelha, curvava um pouco os lábios. Embora estivesse querendo reforçar a ordem para a filha, mostrando que estava falando sério, a expressão do seu rosto era cheia de ternura. E Selena tinha mais vontade era de rir.

– 'Tá bom, 'tá bom, disse a garota. Vou lá dar uma arrumada boa, e a cama vai aparecer direitinho. Mas só depois que eu jantar, viu?

Nos dias seguintes, Selena se esforçou bastante para colocar o quarto em ordem. Pensou que talvez o Paul pudesse querer conhecer a casa e, com isso, sua motivação para arrumar tudo aumentou muito.

Assim, na quarta-feira à noite, quando Tânia e Jeremy chegaram, ela já estava dando os retoques finais no aposento. Apanhara algumas flores no jardim e as pusera em dois vasos. Estava subindo para o quarto com os vasinhos quando ouviu a porta da frente se abrir e a voz de sua irmã gritando:

– Ei! Chegamos! Ô pessoal!

Selena subiu correndo para colocar as flores no quarto. Pôs um vaso sobre a mesinha-de-cabeceira ao lado da cama de Tânia, e o outro, em sua cômoda. Naquele instante, uma suave brisa noturna invadiu o lugar, espalhando nele o delicioso perfume das flores.

Desceu as escadas apressadamente e cumprimentou a

irmã com um forte abraço. Tânia deu-lhe um beijo no rosto, correspondendo também com um abraço apertado.

A garota teve a impressão de que a irmã estava um pouco mais alta. Ou será que eram os saltos do sapato? Mais magra não havia dúvida de que estava. Ou talvez tudo fosse conseqüência do fato de ela estar trabalhando como modelo profissional, havia já alguns meses. Com isso ela adquirira um jeito e uma postura mais elegantes. O cabelo estava quase batendo no ombro; e tinha uma coloração bem semelhante à sua cor natural. Fazia algum tempo que Selena não o via com aquele tom. A irmã já tinha tingido o cabelo de diversos tons, indo do louro até o castanho mogno avermelhado. Hoje, porém, estava com um castanho claro, que lembrava a cor de um chá quente, com um pouquinho de creme por cima. Ela combinava bem com a pele rosada de Tânia.

– E aí? perguntou Tânia. Está animada?

Selena deduziu que o mais provável era que a irmã estivesse se referindo à formatura.

– Claro que estou! replicou com um brilho diferente no olhar, pois estava pensando que iria rever o Paul.

Ao lado de Tânia estava Jeremy, irmão de Paul e mais velho que este. Ele abriu os braços esperando um abraço de Selena. Ela o abraçou, sentindo-se meio sem jeito. Parecia estranho estar abraçando o irmão de Paul, quando estivera sonhando em abraçar o próprio. Era como tomar um sorvete de creme de segunda categoria, quando a vontade era provar um legítimo, bem cremoso, de boa marca. Eram parecidos, mas não tinham exatamente o mesmo sabor.

Tentou recordar se Paul era mais alto que o irmão ou não. E o cabelo dele era tão escuro quanto o de Jeremy? Não; isso lembrava bem. O de Paul era mais claro. Os olhos de Paul não eram tão profundos quanto os do irmão, e o queixo deste era mais pontudo. Na opinião dela, dos dois irmãos, o mais bonito era o dela. Contudo não ficou muito tempo devaneando sobre isso. De repente, ocorreu-lhe que Jeremy também poderia estar ali, olhando para ela com o mesmo pensamento: das duas irmãs, a mais bonita era a dele.

Os pais de Selena, que tinham sido os primeiros a cumprimentar os recém-chegados, agora estavam lhes fazendo as perguntas de praxe sobre a viagem e indagaram se queriam comer algo.

– Eu só quero é dormir, respondeu Tânia. Na casa onde passamos a noite ontem, havia um cachorro, um filhotinho, e ele latiu a noite toda.

– Os dois devem estar exaustos, comentou a mãe.

– Eu não, replicou Jeremy. Dormi maravilhosamente no sofá da sala ontem. A Tânia foi quem ficou no quarto de hóspedes, bem ao lado da garagem onde estava a casinha do cachorro.

Aqui ele passou o braço sobre o ombro da namorada e continuou:

– Eu fiquei dizendo a ela pra dormir no carro. Mas ela não consegue dormir com movimento, né?

A jovem abanou a cabeça olhando para ele, como que pedindo para não contar o que mais acontecera. Contudo ele não atendeu; e prosseguiu falando.

– Todas as vezes que eu parava no posto de gasolina, ela dormia. Assim que eu ligava o carro, ela despertava. Já que ela estava acordada, pedi a ela para dirigir o resto do caminho e fui dormir. Agora, estou perfeitamente desperto, e ela, dormindo em pé.

– Então vai deitar, filha, disse o pai. Eu levo sua bagagem.

– Pode deixar, interveio Jeremy. Eu levo.

O rapaz teve de pegar a pesada mala com as duas mãos

para carregá-la para cima. Deu uma esbarrada no pilar do corrimão, e Selena viu a mãe se contrair, tensa.

– Onde é o quarto? indagou ele.

As duas irmãs o acompanharam escada acima, e Selena passou à frente para lhe abrir a porta. Jeremy parou, deixando que Tânia entrasse antes. Em seguida, chegou e depositou a mala no chão.

– Não acredito! exclamou a jovem, dando uma olhada pelo cômodo. Nunca vi este quarto tão arrumado assim! O que aconteceu? Arranjaram uma empregada?

– Hummm! Não tem graça nenhuma, Tânia!

Tânia se sentou na beirada da cama e se pôs a admirar o vasinho com as flores.

– Parece que a minha irmãzinha finalmente está crescendo e aprendendo a ter responsabilidade. Nunca pensei que esse dia chegaria.

Selena sentiu uma ira súbita. Ao que parecia, ela e a irmã estavam voltando aos velhos tempos, quando brigavam por qualquer motivo. E o pior era que ela pensara que já haviam superado essa fase da vida. Agora, ali estava a irmã, tratando-a como criança, e na frente do Jeremy.

De repente ocorreu-lhe um pensamento apavorante. Poderiam continuar assim durante todo o final de semana. Se Tânia ficasse a relèmbrá-la constantemente que ela era a irmãzinha tola, iria se sentir muito constrangida, não só diante do Jeremy, mas também do Paul. Além disso, não teria mais aquele quarto, que era o seu refúgio, só para ela. Tânia acabara de invadi-lo; e, pelo visto, iria invadir também a sua vida.

Capítulo Oito

Na quinta-feira de manhã, Selena até ficou alegre de ir para a escola. Muitos colegas haviam resolvido "matar" as aulas. É que era o último dia, e parecia desnecessário assistir às aulas. Selena, porém, preferiu ir, para sair de casa.

Tânia fora dormir cedo, mas acordara meio irritada, com o fato de Selena estar abrindo e fechando gavetas tão cedo, às 7:00h da manhã. A garota ainda não superara a sensação de tristeza que tomara conta dela na noite anterior. Naquele momento, achava tudo meio irreal. As aulas tinham terminado. Ela estava se formando. Parecia que sua infância também acabara.

E acabou tão depressa, pensou, quando dirigia para a escola. *Ainda me lembro do meu primeiro dia de aula. Mamãe me obrigou a calçar aquele sapato vermelho com fivelas. Detestei aquele sapato! Que será que ela pensou quando comprou aquilo pra mim? Mas será que ela comprou? Talvez fosse de Tânia, e ficara pequeno pra ela!*

Quando entrava no estacionamento do colégio, ela se deu conta de algo. Era verdade que, naquela época, sua mãe não entendia muito de seus gostos, mas agora compreendia bem. Fora maravilhoso da parte dela aceitar antecipar a festinha da família, para que Selena pudesse fazer aquela comemoração na sexta-feira com os colegas. Os pais da Vicki tinham criado muito problema com essa mudança. A amiga lhe dissera que discutira demais com eles.

Selena se sentia muito grata à mãe, mas, ao mesmo tempo, não deixava de ter certa tristeza. Naquele seu primeiro dia de aula, muito tempo atrás, a mãe preparara um café da manhã especial, com panquecas e tudo. Ela lhe escrevera um bilhetinho carinhoso e pusera no bolso do agasalho. Também haviam tirado fotos, antes de ela seguir para a escola. E a turminha seguira em fila indiana. Cody ia à frente. Atrás dele vinha Wesley, seguido de Tânia. Ela era a última, depois da irmã. Hoje ela tomara o "café da manhã" sozinha: apenas uma banana. Ninguém se despediu dela, e teve de ir para a escola também sozinha. Obviamente não esperava que a mãe tirasse retratos, nem nada. Só que estava tudo muito diferente de todos os outros dias escolares.

Se isso é que era ser adulta e independente, não estava gostando muito, não. Ou pelo menos não tinha muita certeza de que já queria entrar nessa fase da vida.

E nesse último dia, em todos os períodos só houve festa. Quase todos os professores fizeram belos discursos, dizendo que o ano letivo fora excelente. Uma professora dera a cada aluno um cartãozinho com um versículo bíblico, como que proferindo uma bênção para o futuro deles. Foi um dia gostoso, divertido, mas ao mesmo tempo um pouco triste; um dia meio estranho.

Terminada a aula, em vez de ir direto para casa, Selena resolveu passar na *Eaton's*. Essa loja era uma *drugstore* onde havia um pequeno balcão de lanches. Pediu um *milk-shake* de chocolate. A garçonete lhe trouxe a bebida gelada num copo grande. Era a mesma garçonete que a atendera na primeira vez que fora ali, acompanhando a Vó May. Não se lembrava do nome dela, mas lhe sorriu agradecendo. A mulher lhe fez perguntas sobre sua família, principalmente sobre a avó.

A garota foi sorvendo o *milk-shake* lentamente, recordando a ocasião em que estivera ali com Vó May, havia um ano e meio. Tinha sido seu primeiro dia de aula no Colégio Royal. Vó May tinha o costume de levar todos os filhos àquela lanchonete no primeiro dia de aula. É verdade que, para Selena, o primeiro dia de aula fora no meio do ano letivo, pois viera transferida de outra escola. Mesmo assim, a avó ainda achou que a neta merecia tomar um *milk-shake* com ela na *Eaton's*.

Agora ela se sentia meio estranha, sentada ali sozinha, vendo-se como uma pessoa adulta, responsável por si mesma, e ninguém "cuidando" dela. Sabia que assim que a festa da família começasse, à noite, não sentiria mais isso. E no dia seguinte, seria a formatura. O Paul chegaria, e eles passariam quatro dias juntos. Aí ela adoraria já ser adulta, dona de seu nariz, com liberdade para fazer o que quisesse.

Naquele exato momento, porém, ela era apenas uma formanda triste e solitária, tão triste e solitária que perdeu a vontade de tomar aquele *milk-shake*.

Deixou uma excelente gorjeta para a garçonete. Sentia que alguém precisava recompensar aquela mulher por estar trabalhando naquela lanchonete havia tanto tempo – durante o período que terminou o seu ensino médio.

Em seguida, entrou no carro e foi para casa, dizendo para si mesma que os melhores anos de sua vida ainda estavam por vir. A essa altura, achou que parte de sua tristeza se devia ao fato de não ter passado a vida toda em Portland. Viera transferida para ali na metade do ensino médio. Gostava muito de todos os colegas, mas não era o mesmo sentimento que tinha pelos de Pineville, a cidadezinha da Califórnia onde morara antes. Ela os conhecia desde pequena. E quando se mudara, tinha pensado em manter contato com eles. Prometera, com toda sinceridade, que iria lá para assistir à formatura deles também. Conhecia bem os cinqüenta e nove alunos que tinham se formado naquela escola, na semana anterior. Conhecera-os quase que durante a vida toda. Agora estava surpresa ao se dar conta de que, com pouco tempo em Portland, ela se adaptara e se esquecera de todas as promessas feitas. E parecia que o mesmo acontecera aos seus colegas. Apenas dois ou três deles lhe haviam enviado o convite de formatura. E nenhum deles mandara sequer um bilhete ou uma carta.

Até onde sabia, nem ela nem sua mãe haviam mandado convites para os antigos colegas de Pineville. Isso a deixou ainda mais triste.

Por que será que a vida muda tanto assim? Não vou deixar isso acontecer quando for para a faculdade. Ou será que vou? Não. Embora Amy não tenha interesse em estudar na Rancho Corona, e mesmo que a Vicki não seja aceita lá, nós três vamos continuar sendo amigas, não vamos? Quando eu vier pra casa nas férias, ainda vamos nos reunir na **Mother Bear**. *Temos de fazer isso! Não aceito em hipótese nenhuma que nossa amizade termine!*

Quando afinal entrou em casa, estava muito pra baixo, quase em estado de depressão. Se houvesse um "Oscar" para formandos que fingiam estar alegres na comemoração da família, mas que na verdade estavam em profunda tristeza, ela certamente o ganharia. E de fato, armou uma bela fachada de felicidade para os parentes. Os dois irmãos mais velhos, Cody e Wesley, já tinham chegado. Katrina, esposa de Cody, e seu filhinho, Tyler, vieram cobri-la de beijos e abraços. Parecia até que ela ganhara algum concurso, e não que estava apenas se formando no ensino médio. Achou estranho abraçar a cunhada, pois Katrina estava com seis meses de gravidez. Selena não estava habituada a abraçar grávidas.

E por duas vezes, durante a festinha, Katrina pegou a mão de Selena e a pôs em sua barriga, dizendo:

– Viu, Selena? Sentiu isso? Espere um pouco. Ela vai chutar de novo.

A garota tinha vontade de dizer para a cunhada que poderia vir a amar a sobrinha depois que ela "entrasse em cena", daí a alguns meses. Agora, porém, não estava muito a fim de cultivar carinho pela pequenina, apenas sentindo os chutezinhos dela através da barriga da mãe.

D. Sharon preparara um grande jantar, com várias bandejas de saladas e legumes. O Sr. Jensen estava cuidando de grelhar o frango. De sobremesa, a mãe serviu um grande bolo de cenoura, com uma cobertura de queijo cremoso. Nele, havia uns enfeitezinhos de plástico, no formato do capelo de formatura, e pequeninos diplomas enrolados. No meio, estava inscrito:

"Parabéns, Selena!"

Todos deram presentinhos para a garota. Os parentes que não tinham vindo para a festa enviaram cartões com dinheiro. Vó May estava maravilhosamente lúcida e, durante toda a noite, conversou de forma clara e lógica. Selena observou que Jeremy se "entrosara" perfeitamente dentro da festinha. Notou que ele tratava sua irmã como uma princesa.

Nesse dia, Selena recebera uma nova carta da faculdade, avisando que ganhara mais uma bolsa de estudos. Já era a quarta. Tudo estava perfeito. E ela deveria estar tão feliz quanto fingia estar. Mas não. Sentia-se como que entorpecida. Parecia que toda aquela celebração não era para ela, mas para um dos irmãos mais velhos, como as festas anteriores. Ela era apenas mais uma das "crianças" presentes. O problema é que não era mais um dos pequeninos. Tinha a sensação de que cruzara uma "fronteira" e agora fazia parte do grupo dos filhos "mais velhos" da família Jensen. Contudo, no momento, dos seis filhos, apenas Kevin e Dilton eram pequenos. E ainda faltava muito tempo para que se formassem no ensino médio.

Só na manhã seguinte foi que Selena conseguiu acreditar que tudo aquilo estava acontecendo de fato. Sua mãe havia pendurado na porta do *closet* a beca e o capelo que ela iria usar na colação de grau. Assim que acordou, a primeira coisa que avistou foi a vestimenta. Recordou-se da formatura de Tânia, dois anos atrás. Ela havia pegado o capelo da irmã e o colocara na cabeça. Achara-o o objeto mais feio que já vira. Então se pusera a abanar a cabeça, fazendo a borla dançar de um lado para outro. Aí Tânia gritara com ela, e parara com a brincadeira.

Hoje, o capelo que se achava pendurado na porta do *closet* era dela. Dessa vez, ele lhe pareceu muito importante e valioso. Entendeu que se o Kevin o colocasse na cabeça e se pusesse a brincar com a borla dele, também gritaria com o irmão.

Este era o dia que ela esperara ansiosamente. Nesse momento, Paul estava num avião. E antes que se passassem vinte e quatro horas, ela se encontraria com ele e... Fez um esforço e interrompeu o vôo da sua imaginação. Tudo viria a seu tempo, como dizia Vó May, falou consigo mesma.

Selena ficou a orar, enquanto tomava banho, se aprontava e "brigava" com o cabelo. Demorou um pouco aplicando o rímel e depois desceu. Embaixo, encontrou Wesley e Jeremy envolvidos numa batalha qualquer, num *video game*.

– É! exclamou em tom brincalhão. Vocês dois me dão pena!

Nenhum dos dois havia tomado banho. Ambos estavam despenteados e com roupas amarrotadas.

– Ei, pare de debochar do nosso brinquedinho, reclamou Jeremy. Estamos nos divertindo um pouco!

Capítulo Oito

— É mesmo! concordou Wesley. Alguma vez nós debochamos das suas brincadeiras, quando tomam seus chazinhos? Dizemos que vocês nos dão pena?

— Não, replicou ela. Mil desculpas. Continuem se divertindo, garotões!

— Uuuuhhh! gritou Wesley, levantando e se sentando, com o controle remoto nas mãos. Você não podia ter ganhado essa, Jeremy, eu cheguei ali antes de você! Uuuuuh! Cuidado!

— Cochilou, perdeu! replicou o outro, dando uma risada.

Selena se dirigiu para a cozinha, rindo também. Paul iria se entrosar muito bem nessa família, principalmente porque o irmão mais velho dele já fazia parte da turma. A mãe deixara sobre a mesa um tabuleiro com bolinhos, uma jarra de suco de laranja e uma tigela grande com salada de frutas. A luz do Sol, brilhante e dourada, entrando pela janela, iluminava o balcão da cozinha. Lá de fora, vinha a gargalhada gostosa de Tyler, seu sobrinho de quatro anos, que estava ali com o vovô. Brutus dava latidos alegres e, provavelmente, babava em cima do garoto. No andar superior, alguém tomava banho. No banheiro que havia no porão, outra pessoa usava um secador de cabelo a todo vapor.

Embora a garota fosse a única na cozinha, naquele momento, servindo-se de suco de laranja, sentiu-se cercada de amor. Em ocasiões assim, ela se alegrava de ter uma família grande. Achava que quem não tinha esse mesmo privilégio estava perdendo algo de muito bom.

E eles tiveram de ir em três carros, quando se dirigiram para o salão nobre da escola de Selena. A garota foi com Tânia e Jeremy. Felizmente sua irmã dormira um pouco mais e se mostrava de bom humor. Pretendia dizer-lhe que ela e Paul gostariam de sair sozinhos, em vez de estarem sempre acompanhados dela e do namorado. Então queria conversar sobre isso agora, aproveitando que ela estava bem humorada. Se falasse num momento em que ela não estivesse de bom humor, poderia não entender direito e ficar ofendida.

    Selena colocou a beca sobre os joelhos e o capelo em cima dela. Sentia-se um pouco nervosa, mas não sabia bem por quê. Achava que não era por causa da formatura. Afinal, não era oradora da turma, nem nada. Não precisaria fazer nenhum discurso. Só teria de caminhar até à frente, cumprimentar o diretor, pegar seu diploma e descer do palco. Então, o que a estava incomodando?

    Deve ser por causa do Paul, pensou. *Estou tão nervosa e emocionada porque vou vê-lo, que não consigo pensar em mais nada. É, mas a formatura é algo muito importante, e eu deveria estar pensando nela.*

    Tentou imaginar o que o rapaz estaria fazendo no avião àquela hora. Será que estaria lendo? dormindo? Estaria olhando pela janelinha, como ela fazia nesse momento, espiando pela janela do carro? Será que estava nervoso pelo fato de que iria vê-la?

    Quando chegaram ao estacionamento da escola, Selena tirou o Paul da mente, deu tchau para seus familiares e foi correndo em direção à biblioteca, onde todas as moças iriam se reunir antes da cerimônia.

    Vicki já estava lá, vestida com a beca e arranjando o capelo na cabeça. Assim que avistou a amiga, soltou um gritinho e correu para ela. Outras garotas também a cumprimentaram, abraçando-a e dando risadinhas nervosas. Depois ficaram a reparar umas às outras, arrumando os capelos e as borlas.

    – Quem será que inventou este chapéu achatado afinal? indagou Margaret. Por que será que não arranjaram um negócio melhor? Quero dizer, eles já conseguiram mandar um homem à Lua, mas não conseguem criar um chapéu mais bonito pra gente usar na formatura!

Capítulo Oito

Selena achou que aquele era um bom momento de demonstrar seu talento com a "dança da borla". Vicki logo viu o que ela estava fazendo e tentou imitá-la, fazendo os movimentos leves para balançar o cordão. Mais duas garotas as viram e se puseram a fazer o mesmo. Depois mais três se aproximaram e se juntaram a elas, como uma competição improvisada. Daí a pouco, todo o grupo ria às gargalhadas, o que foi uma espécie de desafogo para a tensão nervosa.

– De que lado que a borla fica mesmo? indagou uma das meninas.

– Deste, replicou Vicki, colocando a sua de um dos lados. Já esqueceu que eles disseram isso no dia do ensaio? Depois, terminada a cerimônia, a gente a joga para o outro lado.

Nesse momento, uma das professoras de História entrou na biblioteca e bateu palmas para chamar a atenção das garotas.

– 'Tá bom, meninas, está na hora. Vamos fazer uma fila no corredor, por ordem alfabética. Então vamos, com muita ordem.

Os rapazes já estavam enfileirados no corredor, com espaços vazios nos pontos em que as meninas deveriam se encaixar entre eles, como haviam feito no ensaio. Parecia que eles também estiveram inventando brincadeiras antes. Os orientadores do ensaio lhes passaram muitas recomendações no sentido de que não fizessem nenhuma "aprontação" durante a cerimônia. No ano anterior, algumas garotas haviam levado, escondidos dentro da beca, alguns vidros com água e sabão. A certa altura, tinham feito bolhas, soltando-as por todo o salão nobre. Foi uma brincadeira inofensiva, mas acabou causando muitos problemas. Por isso, a administração da escola recomendara seriamente que ninguém "inventasse" nada semelhante. Selena não tinha muita certeza de que os alunos iriam obedecer.

– Vem cá, Selena, chamou Ronny.

Durante o ensaio, eles tinham percebido que iriam ficar um ao lado do outro, por causa da ordem alfabética. Então a garota logo se adiantou e entrou na fila. Ficou entre o amigo e outro rapaz, que não conhecia bem e que estava o tempo todo remexendo na gravata.

– Está nervosa? indagou Ronny com seu sorriso típico, hoje um pouco mais aberto.

– Não, replicou Selena. E você?

– Também não. Eu já estava ansioso que este dia chegasse.

– Eu também, respondeu ela, concordando.

– Olhe aqui, pessoal, disse o professor de educação física, com voz bem retumbante, vamos entrar. Lembrem-se de fazer tudo exatamente como ensaiamos. É agora. Podem entrar e encher de orgulho o coração das mamães.

A porta do salão se abriu e eles ouviram uma música majestosa, como que lhes dando as boas-vindas. E todos os alunos, com a beca e o capelo preto, saíram andando pelo corredor.

Assim que chegou a vez de Ronny e Selena começarem a andar, o rapaz pegou a mão da garota. E ela foi marchando, ao som da música, de mãos dadas com seu melhor amigo.

Capítulo Nove

Primeiro houve três números musicais. Depois, um homem que estudara no Royal e atualmente tinha uma cadeia de lojas de móveis no Arizona fez um discurso. Afinal o diretor foi à frente. Selena esticou um pouco o lábio inferior para a frente e soltou o ar dos pulmões com a boca semicerrada. Sentia calor e a testa molhada de suor. O salão estava abafado. Tinha a sensação de estar sufocada, com aquela roupa. Ainda bem que, os agradecimentos e a entrega de prêmios transcorreram rapidamente. O último prêmio a ser apresentado era uma doação que a escola havia criado nesse ano. Destinava-se ao aluno que tivesse demonstrado o melhor caráter cristão, nos anos em que estudara no Colégio Royal.

– Provavelmente é você que vai ganhar, cochichou Ronny para ela.

– Que nada! replicou a garota, também em voz sussurrada. Deve ser você. Merece esse prêmio por causa daquela vez em que decidiu cortar o cabelo pra dissipar um tumulto que já estava se formando na escola, lembra?

Aqui tiveram de parar de discutir, pois o diretor estava dizendo:

— O ganhador deste prêmio receberá uma bolsa escolar no valor de $4.000,00 dólares, generosamente oferecida pela Mobiliadora Pellmer, do Arizona, para estudar na faculdade que escolher. O agraciado é... Ronny Jenkins!

O rapaz quase deu um salto da poltrona. Virou-se para Selena com um enorme sorriso e lhe deu um tapinha no ombro. Em seguida, subiu ao palco. O diretor lhe entregou um envelope grande e cumprimentou-o com um aperto de mão.

Que maravilha, Senhor! pensou Selena exultante. *O Senhor sabia o quanto o Ronny precisava dessa bolsa pra estudar na Rancho Corona. Tu és maravilhoso, Senhor! Obrigada, meu Deus! Muito obrigada!*

Ronny retornou para seu lugar, com ar de quem finalmente entendera que ganhara o prêmio. Parecia mais atordoado que no momento em que o diretor anunciara seu nome.

— Isso foi uma "coisa de Deus", murmurou Selena.

— É... disse o rapaz, e não conseguiu falar mais nada.

Nesse instante, teve início a entrega dos diplomas, com a chamada dos alunos à frente. Um a um, eles foram subindo ao palco. Quando foi a vez de Selena, ela percebeu que não estava nem um pouco nervosa. Com o canto dos olhos, notou o brilho de um *flash*. Era sua mãe, "registrando" aquele grande momento de sua vida. Selena sorriu. Pegou o diploma com a mão esquerda e lembrou de estender a direita para cumprimentar o diretor. Nesse instante, a professora de inglês, que estava ao microfone, disse o nome da garota e sua classificação acadêmica, em voz alta e clara:

— Selena May Jensen, *magna cum laude!**

---

*Magna cum laude, expressão latina que significa "com grande honra", usada para distinguir estudantes que obtêm notas máximas. (N. da T.)

Ouviu-se um estrondoso aplauso, e Selena sentiu um arrepio na espinha. Ela deu uma parada antes de descer os degraus do palco e olhou na direção de onde vinham as palmas mais barulhentas. Era o que pensara. Ali estava sua família, e sua mãe empunhando a máquina fotográfica. A garota levantou o diploma e sorriu de novo, para dar à mãe mais uma chance de bater outra foto.

Aí a professora chamou o aluno seguinte, também seguido de muitas palmas, encerrando o momento de glória de Selena. A garota foi sentar em seu lugar, ao lado de Ronny. O rapaz lhe deu uma cutucada com o cotovelo, e ela retribuiu. Estavam ambos muito felizes um com o outro.

Afinal a cerimônia terminou e, realmente, ninguém fez nenhuma brincadeira. Alguém fez uma oração. Outro proferiu um pequeno discurso cheio de conselhos para os alunos. Em seguida, o diretor disse que podiam trocar a borla de lado. Os formandos desfilaram para fora do salão com ar mais triunfante do que quando haviam entrado nele. Enquanto desciam pela passarela central, Selena procurou seus familiares e fez um aceno para o Tyler. Em seguida lhe jogou um beijinho.

Assim que eles saíram para o corredor, alguém soltou um grande número de balões. Não dava para saber quem os havia soltado, mas isso não importava muito. Todos os formandos estavam gritando, abraçando uns aos outros e batendo nos balões que se achavam no ar. Muitos também atiravam o capelo para o alto. Alguém apareceu com um frasco de purpurina, e daí a pouco Selena estava com o cabelo cheio de pontinhos brilhantes. Ela ria tanto que sua sensação era de que ia perder o fôlego. Viu que Ronny tirou o capelo e colocou na cabeça o velho boné, no qual estava preso seu longo rabo-de-cavalo. Depois recolocou o capelo por cima do boné. Tyler, Jennifer e Lara, amigos dos dois, aproximaram-se, e esta última prendeu um brinco de pressão na ponta do nariz de Ronny.

Os parentes e demais convidados saíram para o corredor, mas ninguém mais conseguiria controlar a algazarra dos formandos. Os professores nem tentaram interromper as brincadeiras. Selena deduziu que era porque a turma havia se comportado muito bem durante a cerimônia. Agora, tudo encerrado, eles mereciam a liberdade de extravasar a alegria.

O único que tentou dizer algo em meio ao barulho geral foi o professor de educação física. Ficou pedindo aos alunos para saírem para o estacionamento, cada um com seus convidados.

D. Sharon tirou vários retratos de Selena e os amigos. A garota ficou satisfeita com isso, pois não queria parar com as brincadeiras para bater as fotos. Contudo sabia que iria querer aquelas fotografias para guardá-las em seu álbum pelo resto da vida.

Ronny estava fazendo muita bagunça. Selena nunca o vira agir daquela maneira. Ele subiu num grande vaso de planta que havia na frente do prédio e ficou ali, fingindo que estava comandando a torcida, o rabo-de-cavalo esvoaçando ao vento.

Amy foi abrindo caminho por entre o povo e chegou perto das amigas. Deu um forte abraço em Vicki e Selena.

— Puxa! A comemoração de vocês está bem mais animada do que a nossa! comentou ela, gritando por causa do barulho.

Selena acenou, concordando, e respondeu, também aos berros:

— Agora que eu precisava da minha cornetinha, não a trouxe!

Amy soltou uma risada. As duas se lembravam da ocasião em que Selena usara o instrumento, cheia de boas intenções, pensando estar protegendo a amiga. Não era uma lembrança das mais divertidas.

Vicki enfiou o polegar e o indicador na boca e soltou um assobio agudo, o mais estridente que Selena já ouvira. Esta tapou os ouvidos com as mãos e se virou para a amiga que, normalmente, era bem mais comportada.

— Onde você aprendeu isso?

— Meu pai me ensinou. Olhe aqui. É assim. Tente fazer.

Amy e Selena ficaram tentando assobiar, enquanto Vicki procurava melhorar sua "técnica". Ronny continuava com os gestos de chefe de torcida. Muitos dos pais presentes tentavam fazer com que os filhos se acalmassem e pegassem seus objetos para irem embora. Provavelmente estavam ansiosos para ir para casa, festejar o acontecimento com um jantar em família, num ambiente mais tranqüilo. Os familiares de Selena, porém, permaneceram de lado, deixando que ela "curtisse" as alegrias da formatura com os amigos.

O pai de Vicki fez um aceno para a filha. A garota parou de assobiar e deu outro abraço em Selena.

— Vou pra sua casa assim que der, disse. Mas não precisa guardar nada pra mim, não.

Selena fez que sim. De repente lembrou-se de que Paul já deveria estar na cidade. Poderia estar no aeroporto, ou então se dirigindo para a casa dela. Não pusera o relógio no braço, mas sabia que já estava ficando tarde.

— Vou pra casa, pra começar a preparar tudo, disse para Amy.

— Então vou buscar a lagosta e o resto, replicou a colega. Que tipo de roupa você vai vestir? Será que este vestido aqui está muito "social"? Acha que devo dar uma chegadinha em casa e trocar por um mais simples?

Selena deu uma espiada na amiga. Ela pusera um vestido

preto, curto e sem manga. Era uma roupa "social", mas estava linda nela.

– Eu ainda não sei o que vou vestir, respondeu. Ah, vai com esse mesmo. Depois, se você achar que deve trocar, pode pôr um meu.

Amy acenou concordando e saiu em direção ao seu carro. Selena fez um gesto para o Ronny, avisando que já estava indo embora, e foi para junto de sua família. Não tinha muita certeza de que ele a vira despedir-se, pois o rapaz continuava com as brincadeiras. Selena saiu, abanando a cabeça. Desde que Ronny recebera a carta da Rancho Corona dizendo que o aceitavam como aluno, ele parecia estar passando por uma mudança de personalidade. Então ela começou a se indagar se ele seria como outros de que ela já ouvira falar. Eram jovens que saíam de casa para estudar, ficavam livres da autoridade paterna, e passavam a ter um comportamento meio desenfreado. Na verdade, Selena não achava que os pais do rapaz eram excessivamente rigorosos, mas talvez fossem.

Selena deu o braço a Vó May e foi caminhando em direção à van da família. Notou que muitos dos carros parados no estacionamento estavam enfeitados. Vários alunos haviam escrito palavras de congratulações nas vidraças do próprio carro e nas do veículo dos colegas. Selena estivera envolvida com tantas atividades nos últimos dias que nem se lembrara de botar uns enfeites em seu carrinho.

– Que barulhada! disse Vó May. Que coisa horrível!

– Ah, mas é muito divertido, vó, replicou Selena. Imagine só, Vó May, agora sou formada!

A senhora olhou para a neta com uma expressão interrogativa, como se não soubesse ao certo quem era a garota e do que ela estava falando. Vendo aquele olhar vago da avó, Selena segurou o braço dela com mais firmeza e conduziu-a ao banco da frente do carro.

Capítulo Nove

— Acho que esse festejo todo foi demais pra Vó May, disse para sua mãe.

Sharon Jensen acenou concordando, e todos se acomodaram no veículo.

Chegando em casa, Selena procurou ver se havia algum carro diferente estacionado em frente dela, mas não havia. Pelo visto, Paul ainda não tinha chegado. Sua vontade era correr para dentro e trocar de roupa, mas a mãe quis tirar mais algumas fotos. Queria gastar o filme todo fotografando a família. E ela levou apenas uns dez minutos para terminar. Para Selena, porém, qualquer minuto parecia uma hora. Ficava de olho em todo carro que passava na rua. Contudo nenhum deles parou à porta da família Jensen.

Cody e Katrina abraçaram a todos, despediram-se e foram embora. Imediatamente Selena subiu para o quarto correndo. Eram exatamente 4:30h da tarde. Paul já se encontrava em Portland. Será que ainda estaria no setor de recolhimento da bagagem? Parou em frente ao espelho e sorriu para sua imagem ali refletida. Um ano e meio antes, na ocasião em que ela e Paul haviam se conhecido, houve um momento em que ele e ela pegaram a mesma mala, na esteira rolante.

Quase não se agüentava mais de ansiedade. Imaginou o Tio Mac pegando o rapaz no aeroporto e trazendo-o para sua casa.

Não tinha a mínima idéia do que iria vestir. Ouviu a campainha da porta tocando e compreendeu que tinha de se apressar e resolver logo. O vestido que usara para a formatura, sob a beca, era um pouco social. Era até parecido com o de Amy. E não havia nada de estranho nisso. Ela e a colega tinham o mesmo gosto para roupas. Mas será que não ficaria esquisito as duas com o mesmo tipo de vestimenta naquele jantar? Selena não se lembrava mais de como era o vestido que Vicki estava usando na formatura.

A campainha da porta tocou de novo, e a garota resolveu que não iria ficar ali parada, decidindo se trocava de roupa ou não. Afinal, nessa tarde era a anfitriã da festa e tinha um convidado muito importante chegando a qualquer momento. Então só deu uma rápida entrada no banheiro e retocou a maquiagem. Em seguida, desceu a escada correndo, toda alegre, para estar com os familiares e amigos.

Já embaixo, ouviu uma conversa animada que vinha da varanda da frente. Olhou pela porta entreaberta e avistou Ronny de costas, com o boné e o rabo-de-cavalo. Tânia e Jeremy também estavam no círculo que se formara à porta da entrada. Viu também sua mãe e os dois irmãos menores. Amy se achava em pé na escadinha. Todos pareciam olhar algo no chão.

– O que foi, pessoal? indagou a garota, abrindo a porta e aproximando-se do grupo.

Tânia e Jeremy deram um passo de lado para que ela pudesse ver também. Era a última coisa que ela esperava.

Capítulo Dez

— Ué! Elas estão vivas! exclamou Selena, olhando para Amy, como que pedindo uma explicação.

— Pois é, replicou a outra.

A garota voltou a olhar para o balde imenso, cheio de lagostas avermelhadas, que se remexiam tentando subir pelas paredes lisas da vasilha.

— Você não avisou que nós as receberíamos vivas.

— Eu não sabia. Meu tio só disse que nos cederia as lagostas e que as passaria pelo preço de custo. Achei que iria entregá-las já cozidas.

— E como é que se cozinha isso? indagou Selena.

— É muito fácil, disse Wesley, chegando com outro balde cheio. É só colocar em água fervente. Você nunca viu como eles fazem isso no litoral? Colocam o bicho em imensas tinas.

— É, interveio Jeremy. Assim, pelo menos, a gente sabe que é carne fresca.

Tânia deu um tapinha no braço dele, de brincadeira.

— Quantas você trouxe? perguntou Selena.

— Dezesseis.
— Podemos pegar duas aí? quis saber Dilton. Aí eu e o Kevin vamos ficar com uma cada um e fazer uma corrida de lagostas.
— Legal! exclamou Ronny. Também vou entrar nessa!
— Parem com isso, caras! disse Selena. Não! Vocês não vão brincar com nosso jantar, não!
— Acho que não vou participar, não, falou Amy. Quero dizer, não vou conseguir comer, não. Elas estavam olhando pra mim o tempo todo, quando estava vindo pra cá.

Wesley deu uma risada. Durante as férias, ele havia trabalhado no restaurante DeGrassi como garçom, e não tinha a menor piedade nem no que dizia respeito a carne de caça.

— Você já comeu lagosta no restaurante; eu vi, comentou ele.
— É, eu sei, replicou Amy. Mas não vi a lagosta viva antes.

Aí todo mundo caiu na gargalhada.

— Como é o nome desta aqui? indagou Ronny, pegando uma bem rechonchuda e aproximando-a de Amy.

A garota deu um passo para trás, como que receando que o bichinho a beliscasse com suas garras. Na verdade, as patinhas estavam amarradas.

— Esta aqui se chama Rosy, disse Kevin, pegando outra.
— Onde você arranjou esse nome? indagou Tânia.
— Sei lá, replicou o garoto.

Nesse momento, um carro parou junto à entrada da casa. Com o coração batendo forte, Selena se afastou um pouco do círculo para ver quem era. Se fosse Paul, sua chegada seria muito diferente de tudo que ela sonhara. Ela imaginara diversas situações, mas em nenhuma delas pensara receber o rapaz cercada por uma porção de gente, diante de dois baldes cheios de lagostas vivas.

Não era Paul. Eram Tre e Margaret. E logo atrás deles vinha Drake, acompanhado de Cassie, Jennifer e Lara. O rapaz fez um aceno para Selena e esta também abanou a mão para ele.

— Só vim trazer estas meninas, explicou ele. Eu e a Cassie vamos a uma festinha na casa dela. Mais tarde, talvez, a gente passe aqui.

— 'Tá bom, replicou Selena, que parara na beirada da varanda. Espero que venham mesmo. Oi, Cassie! Então, divirtam-se!

A garota sentada ao lado de Drake também lhe fez um aceno. A essa altura os outros já estavam subindo a escadinha e "travando conhecimento" com as lagostas do jantar.

— Será que cada um pode escolher a sua e fazer uma marquinha nela? indagou Lara. Aquela ali parece muito saborosa!

— Vou lá no porão ver se temos uma panela bem grande, disse a mãe de Selena. Wesley, leve essas lagostas para a cozinha. Está muito quente aqui. E acho que precisa colocar mais água nesses baldes.

Outro carro se aproximou, e Selena olhou para a direção dele com muita expectativa. Era Warner.

Ué! Achei que ele tinha dito que não viria! pensou meio chateada.

Entrou em casa logo atrás de sua mãe, com receio de que seus pensamentos acerca do colega se manifestassem em seu semblante.

— Alguém verificou se há algum recado na secretária eletrônica? indagou. Será que o vôo de Paul não está atrasado, ou aconteceu algum outro imprevisto?

— Acho que ninguém verificou, não, disse a mãe. Seu pai estava lá fora, arrumando a rede de vôlei, caso vocês queiram jogar depois.

— De vestido, mãe?

Selena estava começando a achar que a festinha parecia estar perdendo a graça muito depressa.

— Mais tarde, filha, insistiu a mãe, descendo a escada para ir ao porão. Se resolverem trocar de roupa. Vocês decidem.

Wesley chegou com um balde de lagostas. As bichinhas, parecendo muito assustadas, ficavam arranhando a parede do balde, como se querendo sair. Aquele ruído lembrou a Selena o som de alguém passando a unha no quadro-negro. De repente perdeu a vontade de comer.

— Ainda temos de pegar o pão lá no carro, disse Amy, trazendo uma vasilha com uma salada já preparada. Você pode ir lá, Selena?

— Eu ia verificar... principiou ela, mas percebeu um pedido silencioso no rosto da amiga.

A secretária eletrônica poderia ficar para depois. Além disso, era possível que Paul chegasse no momento em que ela fosse ao carro.

— Vou, replicou. Mais alguma coisa?

— Bom, não quero dar uma de antipática, nem nada disso, mas seus irmãos vão ficar aí durante a festa?

Nesse momento, Amy olhou para Selena e, pela primeira vez, notou que as duas estavam com roupas parecidas. Logo estampou no rosto uma expressão de frustração.

— Ah, falou Selena em tom de brincadeira. Quer que eu peça ao Wesley para se mandar?

— Não! replicou Amy prontamente, mas, em seguida, percebendo que se revelara, ficou um pouco nervosa. Estava me referindo ao Kevin e ao Dilton, e você sabe muito bem disso.

Nesse instante, a mãe de Selena voltou do porão trazendo uma imensa panela.

— Não precisa se preocupar, não, Amy, disse D. Sharon.

A festa é de vocês. Assim que eu tiver certeza de que está tudo encaminhado para o jantar, vou sair com eles.

A garota ficou um pouco sem graça.

– Obrigada. Acho que já está tudo mais ou menos no jeito.

Wesley chegou com o outro balde de lagostas, e Selena saiu para buscar o pão no carro. Gostaria de saber quanto tempo Paul levaria para desembarcar e sair do aeroporto. Quando ela voltara da Inglaterra, o avião tinha pousado em San Francisco. Fora ali que ela passara pela alfândega. Nesse momento, lembrou-se de que Jeremy dissera que o vôo de Paul vinha de Londres para Seattle. Dali ele pegaria outro avião para Portland. Se o primeiro vôo tivesse se atrasado, ele poderia ter perdido o segundo.

Esforçou-se para não se preocupar. Ainda tinham muito o que fazer para o jantar. Talvez fosse até bom mesmo que Paul não tivesse chegado. Pegou os pacotes de pão – eram quatro – e foi para a cozinha.

Todo mundo estava ajudando. Tânia tinha posto um avental e estava querendo convencer o Jeremy a pôr um também. O rapaz não concordava de jeito nenhum. Ronny punha água na panela grande. Wesley limpava o chão. É que fora pôr mais água nos baldes das lagostas e derramara um bocado por ali. Amy estava orientando Warner sobre a preparação dos pratos de salada. Margaret também ajudava, tirando a salada da vasilha grande e colocando em travessas. Tre colocava manteiga em pratinhos pequenos, que a Amy trouxera mais cedo, junto com a bandeja de frios.

Selena parou uns instantes e ficou a observar a turma trabalhando de forma tão organizada. Como será que Amy conseguira isso? Tinha de reconhecer que nunca seria capaz de fazer tanta gente trabalhar junta, de maneira tão tranqüila.

— Aqui o pão, Amy. Onde vamos colocá-lo?

— A sua mãe teria umas duas ou três cestas próprias para nos emprestar?

A garota foi pegar as cestas. A mãe e os irmãos pequenos já não estavam mais por ali. Achou melhor então não ir procurá-la. Ela mesma poderia achar os objetos.

Afinal foi Tânia que se lembrou de onde a mãe as guardava. D. Sharon havia mudado de lugar alguns dos utensílios da cozinha, após o princípio de incêndio que ocorrera ali, no Dia de Ação de Graças. Selena forrou as cestas com guardanapos de linho que pertenciam a Vó May e, em seguida, arrumou o pão dentro delas. Depois foi para a sala de jantar ajudar a irmã, que estava pondo a mesa, usando o jogo de porcelana da família.

— Quantos são, afinal? indagou Tânia.

— Não sei ao certo.

Nesse exato momento, a campainha tocou. Selena sentiu o coração quase parar. As duas se entreolharam com expressão significativa. Tânia fez um movimento de cabeça, dando a entender à irmã que fosse atender.

— Tem alguém batendo, gritou Warner da cozinha. Quer que eu vá ver quem é?

— Pode deixar. A Selena vai, replicou Tânia também gritando.

Em passos leves, a garota se dirigiu à porta. O coração batia fortemente, retumbando em seus ouvidos. Pôs a mão na maçaneta e parou um pouco. Molhou os lábios que, de repente, tinham ficado muito secos, e pigarreou. Deu um belo sorriso, abriu a porta e disse:

— Oi!

Era um garoto magricela, parado no capacho de entrada, com um bloquinho na mão. Na frente da casa, estava uma bicicleta, "deitada" de lado. Evidentemente, Selena deve ter estampado no rosto uma expressão de desalento, pois o rapazinho, que estava sorrindo, logo ficou sério.

— Vim recolher o auxílio para os entregadores de jornal! avisou num tom de voz de quem pedia desculpas.

— Dá pra você voltar amanhã? disse a garota, tentando sorrir e falar com jeito mais agradável. Hoje não tem ninguém aqui que possa pagar.

O garoto fez que sim e saiu apressado. Montou na bicicleta e se foi rapidamente, mais parecendo um bandido fugindo da polícia. Selena deu uma espiada na rua, para ver se vinha algum carro. Não vinha nenhum. Fechou a porta e virou-se.

Todos os seus colegas caíram na risada. Eles tinham se ajuntado ali, formando um aglomerado semelhante a uma pirâmide, na expectativa de ver o encontro dela com Paul.

— Era o entregador do jornal! disse Amy com uma risadinha.

— Uuuu! fez Ronny. Viram a expressão do coitado do garoto? Ele saiu correndo assustadíssimo!

— Muito engraçado! exclamou Selena em tom irônico, mas sem poder conter um sorriso.

Nesse momento, avistou a máquina fotográfica a um canto da sala e disse:

— Espere aí, gente! Fiquem parados!

Pegou a câmera, focalizou rapidamente e bateu uma foto do pessoal todo aglomerado à porta da sala. Pareciam ser um corpo só, com oito cabeças.

— Esperem. Vou bater outra, procurando agir depressa antes que a pirâmide desabasse. 'Güenta aí! Sorriam!

Quando ela já ia apertar o disparador, avistou uma coisa com o canto do olho. Algo se movia no chão, vindo da cozinha. Ficou segurando a máquina, mas deu uma olhada para o objeto. Era uma lagosta que escapara de um dos baldes e se dirigia para a porta da frente. Teve vontade de soltar um grito, mas resolveu fazer uma brincadeira com o pessoal, como que para ir à forra.

— 'Pera aí, turma! Estou focalizando bem! disse ela, procurando ganhar tempo.

— Depressa! Estou caindo!

— Minha perna está com cãibra.

— Tem alguém enfiando um cotovelo em meu ouvido!

— Bate logo!

Com um olho na lagosta e outro no pessoal, ela começou a contar devagar, falando baixo.

— Três, dois, um...

Nesse exato momento, a fujona passou ao lado da pirâmide humana e todos a viram ao mesmo tempo. Gritaria e agitação geral! Foi aí que Selena bateu a foto.

Wesley deu um mergulho de goleiro e pegou o bicho. Toda a pirâmide desabou. Selena caiu na gargalhada e tirou outro retrato. O telefone tocou, e ela saiu correndo para atender, mas seu pai já pegara o fone. Ele estava na cozinha, o que fez a garota pensar que a lagosta fujona talvez tivesse recebido ajuda para escapar do balde.

— É, disse ele, aqui é Harold Jensen.

Selena correu os olhos pela cozinha, para ver o que mais precisava ser feito, isto é, além de cozinhar a lagosta.

— Ah é? E como você está? Oh!

Percebendo que parecia que não havia mais nada para fazer, a garota voltou para a sala, para guardar a máquina fotográfica e ver se tinham conseguido pegar a lagosta fujona. O grupo todo estava rindo às gargalhadas, pois Wesley fazia de conta que estava lutando com o bichinho.

— Essa aí eu não quero comer, comentou Selena.

— Vamos colocar uma marca nela, sugeriu Tânia, para que ela seja do Wesley.

Capítulo Dez

A jovem se afastara um pouco do resto do pessoal. Ela não achava muita graça nessas brincadeiras barulhentas.

— Tânia! Selena! gritou o Sr. Harold da cozinha. Venham aqui um momento!

As duas irmãs se entreolharam. Ambas haviam notado um tom diferente na voz dele. Selena logo se dirigiu para lá, seguida de Tânia. O pai estava pendurando o fone no gancho. Tinha no rosto uma expressão muito estranha.

— O que foi? indagou Selena. Aconteceu algo com Paul?

— Tânia, chame o Jeremy aqui, disse o pai. Quero conversar com os três.

A jovem ia se virar, mas o rapaz já estava entrando ali. O resto do pessoal ainda estava lá na sala, rindo e se divertindo. Na cozinha, havia um silêncio profundo, quebrado apenas pelo ruído da água que fervia no panelão.

— Era o seu tio Mac, disse o Sr. Harold, olhando para o Jeremy.

Selena teve a sensação de uma mão gelada penetrando em sua garganta, tentando arrancar-lhe o coração. Pelo jeito como o pai estava falando e pela expressão dele, dava para perceber que acontecera algo errado, algo muito sério. Aguardando que ele concluísse, a garota sentiu como se sua vida tivesse dado uma freada brusca. Ele fechou os olhos e continuou:

— Houve um acidente de avião!

Capítulo Onze

— Como? Onde? Quando? Como foi que o senhor soube? indagou a garota, com a cabeça a mil.

E ficou fazendo mais perguntas, enquanto os outros permaneciam em silêncio. O pai abriu os olhos. Estavam molhados de lágrimas. Foi então que Selena sentiu o pânico dominá-la.

— O avião de Paul, que partiu de Heathrow, teve um acidente, quando aterrissava em Seattle, explicou o Sr. Harold. Foi agora às 3:00h da tarde. Ao que parece, ele conseguiu descer na pista direitinho, mas houve um incêndio. Até o momento não encontraram nenhum sobrevivente.

Selena perdeu as forças. Foi se abaixando e se sentou no chão. Tânia e Jeremy se abraçaram, encostando-se à parede.

— E meus pais? indagou o rapaz.

— Mac está tentando ligar para eles.

— Vou para Seattle, decidiu Jeremy de repente, virando-se para pegar o telefone. Vou ver se o Tio Mac quer ir comigo.

Ele discou o número, e Selena pôs as mãos no rosto. Não chorava; apenas sentia uma dor aguda no peito. Era a dor mais insuportável que já tivera na vida.

Capítulo Onze

Os convidados, que não estavam sabendo do acontecido, foram entrando na cozinha. O Sr. Harold relatou a Wesley o que se passava, falando em voz baixa. Os outros também ouviram a notícia. Imediatamente todos ficaram em silêncio. Ronny aproximou-se de Selena e se sentou no chão, ao lado dela, sem dizer nada. Jeremy colocou o fone no gancho e disse:

— Meu tio vai comigo. Iremos de carro para Seattle.

— Quer que eu vá com você? indagou Tânia.

— Quero.

Selena ergueu a cabeça e olhou para eles.

— A não ser que você prefira ficar aqui com sua irmã, continuou o rapaz.

As duas se entreolharam, ambas com olhos avermelhados.

— Vai com ele, disse Selena com voz rouca.

Gostaria que eles a levassem também, que entendessem que ela queria ir. Mas sabia que estava querendo demais. Naquele momento, estava dando uma festinha para seus colegas. Além disso, o que ela significava para o Paul?

— Ei! Estão falando na televisão! disse Warner.

O rapaz fora à sala de jantar e ligara o aparelho, sintonizando numa estação local. Aparentemente, esperava que todos o congratulassem pela boa idéia.

O Sr. Harold e Wesley foram para lá, andando em passos lentos. Os outros os seguiram. Jeremy hesitou por uns instantes, mas de repente correu para o aposento, com Tânia logo atrás dele. Só Selena e Ronny ficaram na cozinha. Os dois permaneciam calados. Ronny estendeu o braço e pegou a mão da garota. Aí ela se recordou de que ele havia segurado sua mão, algumas horas atrás, quando entravam no salão nobre do colégio, para iniciar a cerimônia de formatura.

Naquele momento, sua vida era bem diferente do que estava agora.

Alguém aumentara o som da televisão, e dali conseguiam ouvir a notícia.

"O vôo 8079, procedente de Heathrow, em Londres, teve problemas com o trem de pouso quando ia descer em Seattle hoje, às 15:07h. Como se pode ver pelas imagens gravadas no momento do acidente, o pessoal do resgate começou logo a evacuar o aparelho. Contudo, no instante em que o nariz do avião tocara a pista, tinha havido uma explosão. E em pouco tempo, parte dele foi destruído. Fomos informados de que até o momento há 157 mortos, e apenas três sobreviventes. Vamos continuar dando informações sobre o acidente, assim que as recebermos. É com você, Bob."

Ronny apertou de leve a mão da amiga.

— Três sobreviventes! gritou ela se levantando e correndo para a sala de jantar.

— Há três sobreviventes! repetiu Jeremy, ao ver Selena entrando no aposento.

— Eu ouvi, disse ela.

Silenciosamente, ela começou a orar com todas as suas forças.

Senhor, por favor, que o Paul seja um desses três. Faz com que ele esteja bem, Senhor! Não permita que ele morra, não, meu Deus!

— Eles já disseram em que hospital estão os sobreviventes? indagou o Sr. Harold.

Imediatamente Wesley foi pegar o telefone sem fio.

— Vou procurar saber, disse.

O pai de Selena pegou o controle remoto da mão de Warner e se pôs a percorrer os canais. Outra estação estava dando a notícia, repetindo a imagem do avião acidentado, ainda em chamas, com a ponta do "nariz" no chão, e o pessoal do resgate correndo para ele. Antes, quando Selena estava sentada no chão da cozinha, ela só ouvira a descrição feita pelo locutor. Agora, vendo as imagens, compreendeu que tudo fora bem pior do que pensara. Uma densa fumaça negra escapava pelas laterais do aparelho, enquanto as sirenes soavam estridentemente.

A campainha da porta tocou, e Selena saiu correndo, junto com Tânia e Jeremy, para atender. Era o Tio Mac. Impulsivamente, a garota correu para ele e lhe deu um abraço forte. Era como se estivesse lhe dando o abraço que quisera dar em Paul.

— Disseram que há três sobreviventes, falou Jeremy.

— É mesmo? indagou o Tio Mac, entrando na sala.

O Sr. Harold adiantou-se e o cumprimentou com um aperto de mão.

— Wesley está tentando contactar o hospital, informou ele.

— O senhor conseguiu falar com papai e mamãe? perguntou Jeremy.

— Não; todas as vezes, a ligação caía na secretária eletrônica, e eu não queria deixar recado, explicou o tio.

— Estão no Hospital Emmanuel, disse Wesley, pondo o fone no gancho. Não querem dar nenhuma informação por telefone. Mas se os parentes chegarem lá, eles deixam entrar.

Tânia e Jeremy se entreolharam apreensivos. Selena compreendeu que eles deveriam estar pensando: *E se Paul não for um dos sobreviventes?*

— Eu já estou querendo ir, disse o Tio Mac. Quem mais vai?

— Eu e a Tânia, replicou Jeremy. Acho melhor a gente levar uma maleta com algumas roupas, né?

— Está certo, concordou a jovem. Selena, você pode me ajudar a arrumar a mala?

As duas irmãs subiram a escada, uma atrás da outra.

– Mamãe ainda não sabe, lembrou Selena, sentindo-se meio tonta. Onde é que ela foi?

– Foi levar os meninos pra ver um jogo de miniatura de golfe. Você tem uma sacola de viagem pra me emprestar?

– Tenho, respondeu ela, e foi pegar o objeto.

As duas permaneceram uns instantes em silêncio. Tânia colocou na sacola uma calça *jeans*, algumas peças de roupa de baixo e várias camisetas, aliás, muito bem dobradas.

– Telefonem assim que chegarem lá, o.k.?

– Claro, prometeu Tânia.

– Quero dizer, mesmo que tenha acontecido o pior, liguem logo pra mim e me contem.

– Eu ligo.

Inesperadamente, as lágrimas começaram a escorrer pelo rosto de Selena. Tânia abraçou-a, apertando-a bem junto ao peito. A garota sentiu vontade de falar de Paul.

– Ele queria entrar para o serviço cristão, Tânia, principiou. Havia acertado a vida com Deus, um tempo atrás.

E aqui ela foi dominada por um choro convulsivo.

– Ele vinha a Portland para... e não conseguiu falar mais.

Soltou-se da irmã e foi pegar a preciosa carta de Paul, que mantinha debaixo do travesseiro desde o dia em que ela chegara. Estendeu-a à irmã para que a lesse.

Tânia leu a primeira página e depois, lentamente, foi se sentando na beirada da cama.

– Oh, Selena! murmurou ela.

A jovem já estava na última página, lendo o poema, quando ouviram uma leve batida à porta. Em seguida, alguém abriu-a devagar. Era Jeremy.

– O Tio Mac já quer ir.

Tânia estava em lágrimas e fez um gesto ao rapaz para

Capítulo Onze

que ele entrasse. Agora era ela que não conseguia falar. Estendeu a carta para o namorado.

– Que é isso? indagou ele.

Selena engoliu em seco e se esforçou para falar.

– É uma carta de Paul, disse. Pode ler, se quiser.

O rapaz se pôs a ler em voz alta, mas depois começou a se emocionar e foi ficando sufocado.

"Finalmente eu entrei por essa porta e estou achando pastagem, como diz o versículo", leu ele com um fio de voz.

Jeremy largou o papel e limpou os olhos com as costas da mão.

– Continue lendo, disse Tânia sussurrando.

O rapaz terminou a leitura e ergueu os olhos cheios de lágrimas para Selena, que também tinha o rosto avermelhado. Eles se fitaram por uns instantes. Depois, Jeremy deu dois passos rápidos em direção à garota e a abraçou. Os dois choraram juntos.

– Você não faz idéia, disse ele ainda firmemente abraçado a ela, de como suas orações ajudaram meu irmão. E continue a orar. Não pare. Enquanto houver um fio de esperança, continue a orar.

– Vou continuar, disse ela.

Ele a soltou, e Tânia aproximou-se deles. Mostrava-se bem controlada, mas via-se que estava abalada, mais até do que Selena.

– E vou ficar orando por vocês também, afirmou a garota, para que façam uma boa viagem até lá.

Carinhosamente, Tânia beijou a irmã no rosto e disse algo que Selena jamais esperara ouvir dela.

– Gosto muito de você, Selena. Tenho muito amor por você.

– E eu também por você, replicou a garota, dando-lhe um abraço.

— É, eu sei, disse a jovem, passando a mão de leve no cabelo da outra.

Ouviram outra batida na porta, e o Sr. Harold entrou. Pigarreando, ele disse:

— O Mac já quer ir.

— Já estamos indo, replicou Tânia, fechando o zíper da bolsa de viagem.

Jeremy pegou a maleta e sugeriu à namorada que trouxesse também uma almofada e um cobertor, caso ela resolvesse dormir no carro dessa vez.

Selena foi com eles até o carro do Tio Mac e fez com que prometessem que ligariam para ela assim que chegassem a Seattle. Eram três horas de viagem. Ela sabia que seriam as horas mais longas de sua vida. Ficaria o tempo todo esperando que o telefone tocasse.

O pai abraçou-a e os dois entraram em casa assim. Ela queria ficar a sós, mas tinha de dar atenção aos convidados. Sabia que poderia pedir-lhes que desistissem da festa, e que eles compreenderiam. No fundo, porém, não queria que fossem embora. Agora, mais do que nunca, precisava dos amigos a seu lado.

Amy estava em pé, à porta, esperando-os. Carinhosamente, ela pegou a mão de Selena e a apertou de leve.

— Como é que você está? indagou.

— Sei lá, replicou a garota.

— Senta um pouquinho. Quer ficar a sós por algum tempo?

Selena ficou surpresa ao ver o quanto a amiga a compreendia. Nesse momento, se deu conta de que Vicki ainda não chegara. Assim que ela chegasse, teriam de lhe contar o que acontecera. E o mesmo fariam para sua mãe, quando esta voltasse.

— Não, respondeu. Não quero que vão embora, não.

— Quer comer algo?

Capítulo Onze

— Não sei.

Wesley também se aproximou deles e se postou ao lado da irmã.

— Parece que acharam outro sobrevivente. Falaram agora há pouco na televisão. Quer entrar e assistir ao noticiário?

— Não sei, respondeu Selena.

Ficou parada no meio do corredor. De repente se sentia exausta e meio sem rumo.

— Venha aqui, disse o irmão, passando o braço em torno do ombro dela e conduzindo-a para o sofá da sala. Acho que você deve assistir ao noticiário. No momento, é o único meio de informação que temos.

Selena se deixou cair na poltrona, ao lado de Ronny, e ficou a olhar para a televisão. Todas as estações estavam repetindo a cena horrível do avião em chamas na pista. Numa delas, o repórter falou sobre ação terrorista. Em outra, entrevistaram um técnico, que explicou que, recentemente, tinha havido uma greve nessa companhia aérea. Por causa disso, poderia ter ocorrido algum descuido de parte do pessoal da manutenção. Os repórteres da CNN estavam dizendo que era o pior desastre aéreo já acontecido no aeroporto de Seattle.

— Amy, disse Wesley depois de alguns instantes, vamos, nós dois, dar um jeito de preparar a comida. Seja o que for, o certo é que temos de jantar. Vocês podem ficar aqui, gente. Eu e a Amy vamos arranjar tudo.

Comer? pensou Selena. *Acho que não consigo comer, não.*

Seu pai sentou-se à direita dela e a abraçou, puxando-a para junto dele. A garota apoiou a cabeça no braço dele. Sentiu o perfume do sabonete que ele usava, um verde, que tinha aroma tipo cheiro de mato. Lembrou-se de Paul, do cheirinho de pinho de sua loção após barba. Ela o sentira quando se sentara ao lado dele, no vôo de San Francisco para

Portland. Ao recordar isso, veio-lhe aos olhos uma nova onda de lágrimas, que foram caindo no peito de seu pai.

Os amigos ficaram e comeram a lagosta ao molho de manteiga, ali mesmo na sala, assistindo à televisão. Selena não conseguiu comer nada.

– Acho que devemos orar, propôs Ronny, depois de já terem visto as cenas do acidente pelo menos umas quinze vezes.

Não havia mais notícias a respeito de sobreviventes e, de certo modo, eles estavam ficando cansados de ver os noticiários. Já se passara bem mais de uma hora desde que tinham recebido a pavorosa notícia.

– Às vezes, continuou o rapaz, é muito bom pensar num verso da Bíblia quando a gente ora, sabe? Isso nos ajuda a focalizar o pensamento em Deus e em suas promessas, em vez de ficar só com o problema na mente. Creio que assim a gente ora de forma mais direta.

– Na última carta que o Paul me escreveu, interveio Selena, ele falou sobre Jesus como o Bom Pastor.

– Isso está em João 10, disse Ronny.

O Sr. Harold se levantou e voltou daí a instantes com uma Bíblia.

– Mas esse texto é um capítulo inteiro, e não um verso.

– Pode ser um capítulo inteiro mesmo, explicou Ronny.

Selena se lembrou de que, no fim da carta, Paul citara também um texto de Filipenses. Dissera que ele o fazia recordar-se da atitude destemida dela. Tinha pegado a Bíblia e olhado o versículo, mas agora não se recordava mais qual era ele.

– Ele citou outro verso também, disse ela para o pai. É no capítulo 1 de Filipenses, quase no fim. Acho que é o versículo 27.

O Sr. Harold pigarreou e se pôs a ler:

"Vivei, acima de tudo, por modo digno do evangelho de Cristo, para que, ou indo ver-vos ou estando ausente, ouça, no tocante a vós outros, que estais firmes em um só espírito, como uma só alma, lutando juntos pela fé evangélica."

– Puxa! exclamou Margaret. Foi esse verso que Paul escreveu pra você? Parece que ele tinha um pressentimento, quando disse "indo ver-vos ou estando ausente".

– Não, interpôs Selena. Não é esse, não.

A semelhança entre aquele versículo da carta de Paulo aos filipenses e o que acontecera depois que recebera a carta de Paul MacKenzie lhe doeu fundo.

Aí ela se lembrou do texto que ele citara. Ela já o tinha decorado uma vez, na classe da escola dominical. Recordara-se disso, no momento em que o rapaz dizia que o escrevera num pedaço de papel e o pusera na carteira. Assim que lera aquele verso, não vira muito sentido nele. Não entendia por que Paul o achava tão importante. Agora, porém, quando iria citá-lo para o pai e os amigos, via nele um significado muito especial.

– Lembrei o verso, disse. É Filipenses 1.21: "Para mim, o viver é Cristo, e o morrer é lucro".

Capítulo Doze

Os colegas de Selena tiveram certa dificuldade para orar, mas ela, não. E a garota não se preocupou em segurar as lágrimas nem controlar as emoções que a dominavam. Extravasou tudo junto com as palavras. E também não estava nem aí para o que os outros pensassem dela. Aquela conversa era algo entre ela e Deus. Tentava encontrar algum sentido no fato de aquela trágica notícia ter chegado logo depois de saber que Paul assumira um compromisso sério com Deus.

– Senhor, sei que os teus caminhos não são os nossos caminhos. E não entendo por que isso está acontecendo. O Senhor levou Paul? Ou ele ainda está vivo? Senhor, eu te suplico, se ele ainda estiver vivo, tem misericórdia dele! Ele quer te servir, Senhor! É só o que ele quer!

Aqui ela parou, sentindo-se exausta. Então Ronny começou a orar, como que continuando por ela. Era como se ela estivesse muito fraca e cansada, e ele se pusesse a sustentar os braços dela, erguidos em oração.

O rapaz intercedeu pelos pais de Paul, por Jeremy, Tânia e

Tio Mac. Pediu a Deus pelos médicos do hospital e pelas famílias dos que tinham morrido no acidente.

Depois o Sr. Harold orou, e em seguida o Tre. O garoto orou com voz firme e calma. Ele se dispunha a aceitar o que tivesse acontecido, vendo-o como o melhor que poderia acontecer, pela perspectiva de Deus. Selena não tinha a mesma disposição. A seguir, foi a vez de Margaret, que agradeceu pelo fato de que Paul era crente e, portanto, se tivesse morrido, tinha ido para o céu. Todos iriam encontrar-se com ele lá.

Nesse momento, Amy saiu da sala.

Eles oraram durante mais de meia hora. A idéia do Ronny tinha sido muito boa. Enquanto oravam, todos ficaram com a mente mais voltada para a Palavra de Deus. Após o último "Amém", eles permaneceram alguns minutos sentados em silêncio, olhando uns para os outros.

— Selena, disse Margaret afinal, você deve preparar-se para aceitar o pior, pois o pior, nesse caso, na verdade é o melhor. Quero dizer, se Paul morreu, neste momento, ele está com Deus. Ele está no céu. E nós é que teremos de ficar aqui e enfrentar as provações desta vida, até que afinal também sejamos libertos dela, como ele foi.

A garota teve vontade de responder bruscamente, rejeitando aquela solução fácil da amiga. Queria dizer que não aceitava a morte de Paul assim com tanta facilidade. Felizmente, nesse instante, a campainha da porta tocou.

— Deve ser a Vicki, disse Ronny.

Como Selena não se mexeu, o rapaz se levantou para ir atender.

— Conte pra ela, viu? pediu Selena. Acho que não vou conseguir dizer nada.

Ele fez que sim. Todos o ouviram abrindo a porta. Imediatamente escutaram o som de uma cornetinha de festa e o barulho de uma "língua de sogra" abrindo-se e fechando. Em seguida, veio a voz alegre de Vicki.

– Olhe aqui! Eu trouxe uns chapéus e essas cornetinhas, disse a garota. Vocês ainda não estão na sobremesa não, né?

E novamente o som do instrumento.

Selena escutou Ronny respondendo com voz abafada, e em seguida uma exclamação de Vicki. A garota entrou na sala correndo e olhou para Selena, para ter certeza de que aquilo não era uma piada de mau gosto. Assim que viu o rosto da amiga, sua expressão mudou.

– Não! exclamou ela, deixando-se cair ao chão e se sentando perto de Selena. Ouvi a notícia no rádio do carro, mas achei que não poderia ser o avião de Paul, já que ele estava vindo para Portland.

Lágrimas começaram a escorrer pelo rosto de Vicki.

– Oh, Selena! Que terrível!

– Ainda não sabemos com certeza, disse Selena. É possível que ele seja um dos sobreviventes.

Estava tentando consolar a colega, mas sentia que ela própria não tinha muita esperança.

– O Jeremy e a Tânia foram com o Tio Mac para Seattle, explicou o Ronny. Assim que eles chegarem lá, vão telefonar.

Selena sentiu muita sede e perguntou se mais alguém queria água. Ninguém queria. Foi andando pesadamente até a cozinha, que dava a impressão de ter sido palco de um terremoto. Estava bagunçada e cheirando a peixe. Na mesa, viam-se pratos de salada, que alguns não tinham comido, as cestas com os pães e uma travessa cheia de pedaços de lagosta. Sem saber bem por que, lembrou-se do milagre da multiplicação dos pães, que Jesus fez. Naquela ocasião, eram mais de cinco mil pessoas que haviam se alimentado com alguns pães e peixes que um garoto dera para o Senhor. E

Capítulo Doze

sobraram doze cestos cheios de alimento. Cada um dos discípulos poderia ter levado um cesto para casa.

Pegou uma jarra de água e derramou um pouco num copo, tentando achar uma ligação entre essa história e o problema de Paul. Estava querendo muito que acontecesse um milagre nesse momento. Queria que Deus pegasse aquele pedacinho de fé que ela possuía, o abençoasse e o multiplicasse.

Foi então que se lembrou do versículo que Paul citara. "Porquanto, para mim, o viver é Cristo, e o morrer é lucro." E se a vontade de Deus nisso tudo fosse que Paul já estivesse no céu e que acontecesse algo de bom por causa da morte dele?

Essa possibilidade lhe pareceu tremendamente dolorosa. Deus não faria isso, ou faria? Selena debruçou-se no balcão e ocorreu-lhe que, mesmo que ele não tivesse morrido, nesse dia, 157 pessoas haviam perecido naquele desastre. Todas essas haviam passado para a eternidade. Aqueles que tivessem entregado a vida a Cristo, aceitando a salvação que Deus nos oferece por meio de Jesus, agora se achavam no céu. Os que não haviam feito essa decisão, nesse momento, se encontravam no inferno.

A garota teve uma sensação de enjôo.

Ó Deus, clamou ela "gritando" mentalmente, *como é que o Senhor pode fazer isso? Tu nos divides em ovelhas e bodes, uns à direita, outros à esquerda. Sei muito bem o que a Bíblia diz. Sei o que exiges de nós. Mas por que tudo isso? Será que não poderia ser mais fácil?*

Assim que lhe veio esse pensamento, ela se deu conta de que, na verdade, buscar a Deus era a coisa mais fácil que alguém poderia fazer. Até uma criança pode compreender os pré-requisitos de Deus para se ter a vida eterna. Mesmo um pequenino tem condições de recebê-la. Era apenas uma questão de decidir, de exercitar o livre-arbítrio que Deus concedeu a todos nós.

Sua cabeça estava latejando.

– Por que é que as pessoas simplesmente não te buscam, Senhor? disse. Por que será que elas fogem, se escondem e ficam com raiva de ti?

Selena não se dera conta de que expressara aquele questionamento a Deus de forma audível. Aí ela ouviu a voz de Amy, vinda de fora da porta da cozinha.

– Porque somos muito teimosos, falou suavemente a amiga.

Selena abriu a portinhola de tela e saiu. A noite estava fresca. Amy se sentara na escadinha dos fundos, e Brutus se achava deitado a seus pés. A garota coçava o pêlo dele.

– Eu não a vi aí, disse Selena, sentando-se ao lado da colega e dando um tapinha de leve na cabeça do cão. É tudo tão difícil, Amy, continuou. Quero dizer, eu sei no que creio. E tenho certeza de que está certo. Mas é tão doloroso! Tanta gente morreu! O que eles fizeram pra merecer isso?

– Todos nós merecemos morrer, replicou Amy. Já esqueceu os versículos que decoramos o ano passado na aula de religião?

Selena fitou a amiga com expressão de quem não se lembrava. Então a outra disse:

– "Pois todos pecaram e carecem da glória de Deus... Porque o salário do pecado é a morte, mas o dom gratuito de Deus é a vida eterna em Cristo Jesus, nosso Senhor."

– É, eu sei, mas...

Amy recitou outro texto.

– "O Senhor... é longânimo para convosco, não querendo que nenhum pereça, senão que todos cheguem ao arrependimento."

Selena ficou sem resposta. Também conhecia aqueles versículos. Aliás, ganhara 10 nessa prova; ela e Amy. Entretanto que sentido eles tinham nesse momento? A amiga

Capítulo Doze

sabia os textos de cor, mas o que eles significavam para ela?

— Eu acho, principiou Amy, como que "lendo" o pensamento da outra, que o grande problema está na questão do arrependimento. Eu, por exemplo, não estava querendo concordar com Deus. Não aceitava que estava errada em nada. Quando meus pais se separaram, a única atitude que quis tomar foi ficar magoada. E não havia nada que pudesse amenizar meu sofrimento.

Selena não estava conseguindo acompanhar bem o pensamento da amiga.

— Aí, continuou a outra, resolvi buscar a solução por mim mesma. Tentei fazer de tudo pra me sentir melhor. E quando eu estava com Nathan, até que aliviava um pouco. A verdade, porém, é que, quando a gente está numa escuridão, só a luz interessa.

Nesse momento, a portinhola se abriu.

— Ah, é aí que vocês estão!

Era Vicki, que se aproximou e se sentou atrás das duas colegas.

— Não consigo crer que isso está acontecendo, Selena, disse ela. Você acha mesmo que ele... você sabe.

— Não sei. Margaret acha que sim. Ela disse que devemos nos alegrar de saber que ele está no céu e que vamos vê-lo depois, replicou a garota com voz embargada.

— Ela disse isso? indagou Vicki.

— Você não pensa assim? perguntou Amy.

— Bom, claro, mas... respondeu ela, aproximando-se um pouco mais e passando o braço em torno do ombro de Selena. Essa não é a melhor hora pra se lembrar isso. Ou pelo menos não de dizer isso dessa maneira.

— Pois eu penso assim, retrucou Amy, quer essa seja a hora mais adequada para dizê-lo ou não.

Selena e Vicki olharam para a colega, esperando que ela explicasse aquela repentina confissão de fé.

— Minha sensação, começou ela, com lágrimas brotando nos olhos, é que, durante muito tempo, estive presa numa masmorra que existe dentro de mim mesma. É um lugar frio e escuro, e eu me sentia profundamente infeliz. Vocês nem podem imaginar quanto. E não encontrava a "chave" que poderia me libertar dali. Não conseguia sair dessa masmorra. É por isso que eu gostava tanto dos nossos encontros às segundas-feiras, na *Mother Bear*. Era como se vocês duas tivessem chegado à prisão para me visitar. Vocês me levavam um pouco de pão e água, bem como uma vela acesa, um pouco de luz. E com isso eu ia vivendo.

Selena deu o braço à amiga e ficou segurando a mão dela, firme e calmamente, como Ronny segurara a sua. Vicki também pôs o braço em torno do ombro de Amy.

— Agora creio que encontrei a "chave" para sair. Tenho de voltar pra Deus. O tempo todo pensei que fora ele quem me prendera ali. Agora, porém, compreendi que fui eu que o prendi lá fora. Não sei explicar direito, mas quero Deus de volta em minha vida.

— Então diz isso pra ele, interpôs Selena, dando um leve aperto na mão da amiga.

Amy inclinou a cabeça, e as duas amigas continuaram a segurá-la. Em seguida, sem chorar, ela se pôs a falar, de forma simples e direta, como só ela era capaz de fazer.

— Ó Deus, eu tenho andado muito errada. Eu te tirei da minha vida e agora estou muito arrependida de ter feito isso. Quero voltar. Por favor, perdoa-me e me aceita, 'tá bom?

— 'Tá bom, disse Vicki com um sussurro, como se ela pudesse responder por Deus.

Em seguida, as três abriram os olhos e se entreolharam carinhosamente.

Capítulo Doze

– Gente, muito obrigada por não terem desistido de mim, falou Amy, em voz suave.

Selena abraçou-a.

– O que foi que houve antes de eu chegar? indagou Vicki. O que aconteceu, Amy?

– Como assim?

Vicki virou-se para Selena.

– Você falou alguma coisa com ela? perguntou para a amiga.

Selena abanou a cabeça.

– Ah, já sei. Você não entendeu por que abri o coração pra Deus, assim repentinamente, depois de ter ficado tanto tempo com ele fechado, né? disse Amy, remexendo-se um pouco e olhando para as duas. Foi por causa do noticiário e da possibilidade de que o Paul... você sabe, esteja morto.

Selena se sentiu dominada por uma forte onda de emoção.

– E quando eles disseram lá que havia apenas três sobreviventes, de repente lembrei de algo. Lembrei que nós também somos três. E eu queria ser um dos três sobreviventes, não um dos 157.

Nesse momento, elas ouviram a van da família Jensen chegando e parando na frente da casa. Sharon Jensen, Vó May e os garotos deram a volta ao redor da casa, para entrar pela porta dos fundos. Brutus logo se levantou e se pôs a latir barulhentamente, para recebê-los. A mãe mandou que os garotos pegassem o cão e o levassem para a casinha dele, evitando assim que saltasse sobre a avó.

– Oh! Olá! disse ela, avistando as três garotas sentadas na escadinha, em meio ao crepúsculo. Dando um tempo na festinha?

– Mãe... principiou Selena, e contou à mãe a respeito do acidente, explicando ainda que Jeremy e Tânia tinham ido para Seattle com o Tio Mac.

Vó May parou ao pé da escada e se pôs a ouvi-la silenciosamente, tensa, apertando a bolsa que tinha nas mãos.

– Oh, não! exclamou D. Sharon com voz tensa, encostando-se ao corrimão.

Vó May continuou parada e disse em voz calma:

– Paul não pegou aquele avião, não.

Todos se viraram para ela, aguardando que explicasse o que dissera.

– Ele perdeu o avião e voltou para Saigon. E foi aí que começou o bombardeio.

Selena logo entendeu que a avó estava tendo uma de suas crises de volta ao passado. Estava se referindo ao seu filho Paul, que morrera na guerra do Vietnã. Seu Tio Paul perdera o avião, e ao pensar nisso uma nova esperança começou a brotar em seu coração.

– Quem sabe o Paul não estava no avião acidentado? disse ela toda empolgada, levantando-se. Quero dizer, eles tinham mudado o vôo dele uma vez. Podem ter mudado de novo. Talvez ele não tenha vindo nesse avião!

– Oh, Selena! exclamou a mãe dela, estendendo o braço para tentar consolá-la.

Contudo a garota já estava se levantando e entrando em casa.

– Pai! gritou ela. Wesley!

Os dois logo vieram ao encontro dela na cozinha.

– Será que a gente pode ligar pra companhia aérea e checar a lista de passageiros? E se o Paul não estava naquele vôo?

D. Sharon e as duas amigas também já tinham entrado. Selena percebeu que seus pais estavam se entreolhando. Pela expressão do rosto deles, compreendeu que achavam que essa filha sonhadora iria ter uma decepção. Wesley, porém, não hesitou nem um instante. Pegou o telefone e logo se pôs a fazer ligações até encontrar alguém que pudesse dar-lhe uma informação.

Agora o grupo todo já estava na cozinha, aguardando uma resposta. O rapaz conversava com o supervisor da companhia. Repetiu tudo pela quarta vez para o homem. A certa altura, levantou uma das mãos, pedindo ao pessoal para ficar em silêncio.

— Pode repetir, por favor? Não. Não creio que ele teria se registrado com outro nome. Deve estar aí com o nome de Paul MacKenzie. Pois não. Eu aguardo.

Passaram-se alguns minutos de dolorosa espera.

— Tem certeza? indagou Wesley ao telefone. 'Tá bom. Obrigado! Sim. Boa-noite!

Ele desligou e olhou para a irmã.

— Ele disse que o Paul tinha feito reserva no vôo, mas, de acordo com os registros dos computadores, não se apresentou para embarque.

A turma toda soltou gritos de satisfação e alegria.

— Ele não veio no avião! exclamou Selena quase gritando e correndo os olhos ao redor à procura de Vó May.

Mas a velhinha, com a cabeça já meio confusa, devia ter ido para o quarto. Nesse instante, Selena enxergou algo com grande clareza. O Paul da Vó May tinha perdido o avião e por isso morrera. O seu Paul, porém, escapara de morrer por ter perdido o avião.

O telefone tocou, e Wesley pediu silêncio ao grupo para poder atender.

— É, falou ele. Jeremy, escute-me, antes de dizer qualquer coisa. Tenho uma notícia pra você. Nós ligamos pra companhia aérea, e eles nos informaram que o Paul não estava naquele vôo. Ele tinha feito a reserva, mas pelo registro do computador, ele não compareceu. Não havia nenhum assento marcado com o nome dele. Ele não pegou esse avião.

Selena sentia o coração batendo fortemente. Queria ter pegado o telefone e ter dado a notícia para o Jeremy ela mesma.

– É, continuava o rapaz dizendo. Sei. Conseguiram falar com eles? Ah, é mesmo? O.k.! Bom, então vocês vão voltar. Claro!

Wesley estendeu o telefone para o pai.

– A Tânia quer conversar com o senhor.

– O que ele falou? indagou Selena, no instante em que o irmão soltou o fone. Ele não estava no hospital, né?

Wesley fez que sim.

– Também não está na lista das vítimas fatais. Jeremy ainda não conseguiu falar com os pais. Telefonou para uns amigos deles, e estes disseram que seus pais foram passar o final de semana na casa de campo. E lá não tem telefone. Então o Jeremy pediu a esses amigos que fossem lá contar pra eles.

– E o que eles vão contar?

– Acho que vão dizer que o Paul está bem.

– Será que está? indagou Selena. Quero dizer, ele não veio no avião, mas também não chegou aqui.

A garota deu uma olhada ao redor, sem saber por que só ela estava fazendo essa pergunta.

– Então, onde é que ele está?

Capítulo Treze

Antes que o pai desligasse, Wesley pegou o fone da mão dele e disse:
— Jeremy, a Selena lembrou um ponto muito importante. Onde é que o Paul *está*?

Por uns instantes, reinou profundo silêncio. Selena mordeu o lábio inferior, tentando imaginar o que teria acontecido com o rapaz. Pelo que sabiam, ele poderia ter pegado outro avião e talvez até estivesse no aeroporto de Portland, esperando que seu tio Mac fosse buscá-lo.

— 'Tá bom, continuou Wesley, então, se vocês souberem de algo, liguem pra nós, o.k.?

Em seguida, ele expôs aos outros um resumo do que Jeremy planejava fazer.

— Ele vai telefonar pra avó na Escócia, pra saber se Paul já saiu de lá. Depois, vão voltar pra cá e, no meio do caminho, ligarão pra nós pra saber se temos alguma notícia. Os amigos dos pais dele que irão à casa de campo dos MacKenzie já têm o número do nosso telefone e vão telefonar pra cá também.

— Provavelmente ele 'tá "preso" no aeroporto de Londres,

disse Vicki. Aposto que perdeu o avião e ainda está tentando arranjar outro. Ou talvez já esteja voando pra cá e irá telefonar assim que chegar em Portland, ou em Seattle, ou no destino desse vôo.

Só de ouvir as palavras "Seattle", "avião" e "vôo", Selena sentiu um arrepio.

— Selena, continuou Vicki, parece que você ainda não se tranqüilizou. Ainda 'tá aflita? O Paul não pegou o avião acidentado, não.

— É, eu sei.

— É muita coisa pra se "digerir" em tão pouco tempo, Vicki, interpôs Amy, defendendo a amiga. Eu também sou igual à Selena. Só vou ficar tranqüila quando souber onde Paul está e por que perdeu o avião.

— Realmente, *é* muita coisa pra "digerir", concordou Selena, pegando o braço da colega e puxando-a para um lado.

D. Sharon e Wesley tinham começado a dar uma arrumação na cozinha, que se achava bastante bagunçada. Os outros logo se puseram a ajudá-los.

— E a decisão que você tomou, disse Selena para Amy, também foi tremenda. Fique sabendo que reconheço que foi um passo muito importante pra você. Oh, Amy, estou tão alegre!

Tentou dar um sorriso, mas não conseguiu, e continuou:

— Estou muito feliz de você ter dito tudo aquilo que disse e de ter resolvido fazer aquela oração na minha presença e da Vicki. Fazia tanto tempo que eu orava por isso!

— É, eu sei, replicou Amy em voz suave. Muito obrigada, amiga!

— E aí? disse Warner, interrompendo a conversa particular das duas. Podemos começar a festa? Cadê os negócios que a Vicki trouxe?

Selena conseguiu ignorar a incômoda interferência do colega e foi conversar com o pai.

Capítulo Treze

— Pai, será que não deveríamos ir para o aeroporto, caso o Paul chegue e não tenha dinheiro pra ligar para o tio?

Deu um sorriso leve, ao se lembrar de que, quando haviam se conhecido no aeroporto de Londres, Paul estava sem moeda inglesa para telefonar. E agora era provável que não tivesse dinheiro americano também.

— Eu acho que ele dá um jeito de ligar, sim, replicou o Sr. Harold. E há também a possibilidade de que ele ainda esteja em Londres. Se formos para o aeroporto, ficaremos lá andando à toa, de um lado para outro. É melhor ficarmos aqui e nos mantermos em contato com o pessoal que ficou de telefonar para nós.

A garota concordou, com um aceno de cabeça, e foi saindo devagar, em direção à saleta. Entrou e fechou a porta. Foi sentar-se em sua poltrona predileta, para ficar pensando um pouco. O cômodo estava às escuras, mas ela não acendeu a luz. Se o fizesse, alguém poderia perceber que ela estava ali e vir à sua procura. Queria ficar a sós por uns instantes.

Tentou colocar os pensamentos em ordem, com base nas informações que já possuíam. Paul poderia estar em qualquer lugar. Então, silenciosamente, fechou os olhos e orou em pensamento, apenas movendo os lábios. Orara por Amy durante vários meses, e parecia que Deus atendera sua petição. A amiga voltara para o Senhor. Havia mais de um ano que orava pelo Paul, pedindo que ele buscasse a Deus de todo o coração. Algumas semanas atrás, ele fizera isso. Selena estava tão acostumada a orar para que os amigos buscassem a Cristo que agora que eles estavam buscando, não sabia mais como deveria orar.

Da cozinha, vinham os sons da festa. Ao que parecia, todos estavam aliviados. E afinal, era para estar havendo uma comemoração ali. Nesse momento, porém, Selena não estava com o menor desejo de festejar. Sabia que não teria vontade de tocar aquelas cornetinhas enquanto não tivesse conhecimento de onde Paul estava. Queria ter certeza de que ele se encontrava a salvo em algum lugar. Lembrou-se da figura de Jesus como o Bom Pastor, que o rapaz mencionara. Pela primeira vez na vida, começava a compreender, embora de forma bem rudimentar, o que Deus deveria sentir por suas ovelhas perdidas; o desejo que certamente nutria de que elas voltassem para ele. Recordou a história do pastor que deixou no aprisco as noventa e nove ovelhas que se achavam em segurança e saiu à procura de uma que se perdera. E ele não parou de procurá-la enquanto não a encontrou e a trouxe de volta.

– O Senhor trouxe a Amy de volta, sussurrou ela para o Bom Pastor. E trouxe o Paul também. Agora, por favor, traga o Paul pra mim. Ou melhor, traga-o de volta, a salvo, para seus familiares e amigos. Reconheço que não posso achar que tenho algum direito sobre ele. Ele é uma ovelha sua, Senhor. E eu também sou. Sei que o Senhor nos guiará nesses próximos anos e nos dirigirá em tudo, quer estejamos juntos ou separados.

Nesse instante, sentiu grande paz interior, algo que não experimentara durante as horas de pânico que haviam passado. Lembrou-se da oração que fizera antes, quando Ronny chamara o pessoal para orar. Naquela hora se sentira muito frustrada. Dissera que os caminhos de Deus não eram os caminhos dela e que estava achando muito difícil entender os atos dele. Agora, porém, tinha a sensação de que, na verdade, não precisava entender. Só tinha de confiar.

Deu um suspiro fundo, e foi então que notou que seu lábio inferior estava um pouco inchado. Quantas vezes, será, ela o tinha mordido nas últimas horas? Um leve sorriso lhe veio ao rosto ao lembrar que estaria com péssima aparência quando Paul chegasse. A boca estaria inchada, os olhos, vermelhos e empapuçados. E dentro de mais algumas horas, sua pele provavelmente ficaria cheia de espinhas. Isso sempre acontecia quando ficava tensa e disparava a comer doces.

Pensando em doce, teve vontade de comer algo. À hora do almoço, estivera muito nervosa, na expectativa da colação de grau, e não havia almoçado. Depois, com o problema que acontecera, não tivera ânimo de comer a lagosta, quando todos haviam jantado, assistindo à televisão. Nesse momento, então, sentiu o apetite voltar.

Levantou-se e saiu da saleta. Somente Amy e sua mãe estavam na cozinha, quando ali entrou. D. Sharon estava na pia, lavando vasilhas, e fitou-a com expressão de preocupação.

– Como está se sentindo, filha? indagou.

– Estou bem, mãe, replicou a garota. Aliás, estou até com fome.

– Bom sinal. O que está querendo comer?

– Sei lá. Vou arranjar qualquer coisa.

Por sugestão de Amy, acabou fazendo um sanduíche de lagosta. Pegou um dos pães que haviam trazido para o jantar, cortou-o ao meio e colocou dentro dele pedaços de carne de lagosta e tomates fatiados. Acabou achando o sanduíche improvisado mais gostoso do que imaginara.

Ficou sabendo que, enquanto se achava na saleta, Drake e Cassie haviam passado por lá e levado a maioria dos seus convidados para outra festa. Mas não ficou chateada com isso. Sua "festinha" acabara não sendo um evento alegre, como tinha planejado. Agora, os únicos que estavam ali eram Amy, Vicki, Ronny e Wesley. Seus irmãos mais novos já tinham ido dormir. Pouco depois, os pais também subiram, mas avisaram que ficariam acordados, esperando notícias.

A certa altura, Vicki foi ao seu carro e voltou trazendo alguns exemplares do anuário da escola. Então ficaram a recordar alguns fatos acontecidos no Colégio Royal e conversando a respeito deles, como se tivessem ocorrido dez anos atrás. Selena, pelo menos, tinha a sensação de que, nas últimas cinco horas, tinha vivido uns dez anos.

O telefone tocou e Wesley atendeu.

— Ela 'tá bem aqui, disse ele e entregou o fone à irmã.

— Oi, Selena! disse uma voz grave.

A garota sentiu o coração dar um salto, pensando que era Paul.

— É o Drake!

— Ah, disse ela meio desanimada, mas em seguida se corrigiu: Oh! Oi!

— Margaret me contou o que aconteceu com o Paul. Queria saber como você está.

— Ah, obrigada, replicou ela, afastando-se um pouco do grupo.

Todos estavam sentados no chão, olhando os livros. Vicki segurou a perna dela e, apenas com os lábios, perguntou:

— É o Paul?

Selena abanou a cabeça e, cobrindo o bocal com uma das mãos, disse:

— Não; é o Drake.

— E aí? Você 'tá legal? indagou o rapaz. Margaret disse que você estava muito abalada com o que aconteceu. Ouvi falar sobre o acidente. É, acho que realmente você deve ter ficado arrasada.

— Fiquei mesmo, concordou ela. E o Paul ainda não entrou em contato conosco. Então não sabemos onde ele está. A Tânia e o Jeremy foram pra Seattle, mas devem chegar de volta daqui a algumas horas. Também não sei se eles vão ter alguma notícia.

Capítulo Treze

— Bom, Selena, eu só liguei pra cumprimentá-la de novo pela formatura. Espero que tudo termine bem entre você e o Paul.

— Obrigada, Drake. Fico muito agradecida.

— Queria dizer ainda que gostei muito do que escreveu no meu anuário. Você também sempre vai ter um lugar especial em minha vida. Não estou planejando fazer nenhum passeio ou acampamento nestas férias; mas se estivesse, gostaria muito que você participasse.

— Aquele passeio foi ótimo, não foi?

— Foi, repetiu o rapaz. Foi ótimo.

Aqui houve uma pausa, mas logo em seguida Drake continuou:

— Bom, eu, ah..., não sei se vou vê-la nestas férias; de todo modo lhe desejo boas férias, e quem sabe a gente se encontra por aí?

— Acredito que sim, replicou a garota.

Não estava entendendo por que Drake, de repente, a estava tratando tão bem. E parecia estar sendo sincero.

— Então, tudo de bom! E espero que o Paul esteja bem!

— Obrigada, Drake!

Ele desligou, e ela voltou para junto dos amigos.

— O que ele tanto falava? quis saber Amy.

Selena deu de ombros.

— Queria me dizer que espera que o Paul esteja bem.

O telefone tocou de novo, ainda na mão da garota. Ela teve um sobressalto e apertou o botão de ligar.

— Alô! disse.

— Selena, sou eu, Tânia. Os pais do Jeremy já ligaram ou deram alguma notícia?

— Ainda não.

— Finalmente conseguimos falar com a avó dele na Escócia. E não foi nada fácil. Ela disse que o Paul saiu de lá terça-feira, pois ia fazer uma viagem de trem pelo país, antes de ir embora.

Selena passou essa notícia para Wesley e os outros, que estavam esperando ansiosamente para saber o que a outra dissera. Em seguida, voltou a falar com a irmã.

— Isso significa que ele pode estar em qualquer lugar.

— Exatamente. E acho que o Jeremy agora está mais preocupado do que antes. Paul não costuma agir dessa forma; ele sempre dá notícias.

— Talvez ele tenha ligado para os pais, falou Selena, mas eles já tivessem ido pra casa de campo.

— É, pode ser, disse Tânia.

Selena escutou a irmã dizendo ao Jeremy e ao Tio Mac o que ela acabara de lhe falar. Em seguida, ouviu-a perguntar:

— Jeremy, será que alguém tem a chave da casa dos seus pais, alguém que poderia ir lá e ligar a secretária eletrônica?

A garota não conseguiu ouvir bem a resposta do rapaz, mas, ao fundo, escutou uma voz num alto-falante.

— Onde é que vocês estão? indagou ela.

— No aeroporto, explicou Tânia. Quando vocês disseram que Paul não tinha vindo naquele vôo, o Jeremy achou melhor a gente vir pra cá, caso ele tivesse vindo em outro. Faz mais ou menos uma hora que estamos verificando em todas as companhias aéreas, mas em nenhuma delas consta o nome dele.

— Então provavelmente ele ainda está em Londres, deduziu Selena.

— É o que o Tio Mac acha também. Agora ele está tentando ligar para o aeroporto de Heathrow, para pedir que chamem o Paul pelo alto-falante, caso ele esteja lá, tentando arranjar outro vôo. Ah, espera aí!

Selena ouvia o som abafado das vozes deles e, em dado momento, escutou de novo um estridente alto-falante ao

Capítulo Treze

fundo. Afastou o fone do ouvido e explicou aos outros o que Tânia acabara de lhe comunicar.

– Selena!
– Oi, pode falar!
– O Tio Mac não conseguiu nada lá em Heathrow também.
– E aí? O que podemos deduzir disso?
– Jeremy acha que o Paul nem chegou a ir ao aeroporto. Parece que ele desapareceu depois que saiu da casa da avó na terça-feira. Ele pode estar em qualquer lugar.

As palavras de Tânia foram como uma nuvem escura entrando no coração de Selena. Com a rapidez de um relâmpago, a dor que sentira algumas horas antes voltou, apertando-lhe a garganta. Passou o telefone para Wesley e sentou-se numa poltrona. Pela primeira vez, desde que tudo aquilo começara, ocorreu-lhe um doloroso pensamento. *Talvez eu nunca mais veja o Paul MacKenzie nesta vida.*

Capítulo Quatorze

Selena detestou os pensamentos que ficaram a lhe rondar a cabeça durante a noite; aliás, uma longa noite. Tentou desligar-se deles. Tentou arranjar explicações para "responder" às inquietações que sentia. Contudo nada adiantava. Só sabia que Paul provavelmente não morrera. Achava-se apenas desaparecido. De certo modo, porém, esse fato era ainda mais aterrador.

Por volta de 2:00h da manhã, o Ronny foi embora para casa. Amy e Vicki ficaram. As três garotas pegaram sacos de dormir e os puseram na sala. Vestiram camisetas e *shorts* leves e se deitaram ali. Ficaram a noite inteira esperando o telefone tocar.

Pouco depois de 4:00h da manhã, ele finalmente tocou. Selena levantou-se de um salto, para atender. Pegou o telefone sem fio e apertou o botão para ligar, mas nada aconteceu. A bateria acabara de novo.

– Atendam o telefone, gente! gritou ela, correndo em direção à cozinha.

Quando já tocava pela quinta vez, ela o atendeu. Só ouviu um estalido e uns chiados. A secretária eletrônica da família estava ajustada para se ligar automaticamente ao quinto toque da campainha. Correu à saleta para pegar o aparelho que se achava acoplado à máquina.

– Alô! disse, ouvindo a voz de seu pai na gravação. Espere um pouquinho!

A voz que falava do outro lado também parecia uma gravação. A garota procurou escutar atentamente, para entender a mensagem.

– Alô! disse Wesley, atendendo na extensão do andar de cima.

– Desligue aí, Wesley, disse ela. Os telefones estão com problema.

– O quê?

Mais ruídos.

– Desligue!

Infelizmente, a pessoa que estava do outro lado da linha deve ter pensado que Selena estava falando com ela, e desligou.

– Selena! exclamou Wesley.

Profundamente chateada, a garota desligou o fone da saleta e foi à cozinha para recolocar no gancho a extensão de lá. O irmão veio descendo barulhentamente a escada, seguido do pai.

– Quem era? indagou.

– Os telefones estão com problema, explicou ela, tirando o cabelo do rosto. Se tocar de novo, acho que só um de nós deve atender. Eu creio que foi o Paul que ligou.

Vicki e Amy apareceram na cozinha, vindo da sala. A segunda estava segurando o telefone sem fio.

– Tem certeza? indagou o pai.

Selena teve vontade de chorar.

– Não tenho mais certeza de nada, disse. Tentei pegar o fone antes de cair na secretária, mas...

Antes de terminar a frase, veio-lhe à mente um pensamento bem claro.

– A secretária!

Virou-se e voltou correndo para a saleta. Todos os outros foram atrás dela.

– Alguém já ouviu as últimas mensagens? perguntou ela, inclinando-se e apertando o botão de rebobinar.

Ouviram o sinal eletrônico e em seguia uma gravação que dizia:

"Chamada a cobrar do exterior. A pessoa que está ligando é..."

Em seguida, ouviram um clique e logo após a voz de Paul dizendo seu nome:

"Paul MacKenzie."

Seguiu-se uma pausa, em que a "telefonista eletrônica" esperava para saber se a resposta era positiva ou não. Como não houve resposta, a máquina automaticamente desligou.

– Não! exclamou Selena. Por que foi acontecer isso? Onde será que ele está? Quando será que ele fez esta ligação?

A secretária soltou a mensagem seguinte e todo o grupo ficou em silêncio para escutar. Era a mesma mensagem gravada, mas dessa vez Paul não disse seu nome. Citou alguns números. E como, de novo, não houve resposta, a máquina desligou.

– Ele está querendo lhe dar um recado qualquer com aqueles números, disse Amy. Rode a fita novamente e vamos anotar os números. Aí você liga pra lá, pra ver se ele está aí nesse local.

O Sr. Harold achou aquilo um pouco estranho, mas Selena concordou com a amiga. Paul entendera que o telefone não estava aceitando sua mensagem e, então, resolveu usar os meios de que dispunha para se comunicar com eles. A garota logo imaginou que ele tentara ligar para os pais, mas essa chamada também caíra na secretária. E no dia anterior, à tarde, o Tio Mac fora para o aeroporto esperá-lo, e portanto ele também não conseguira falar com o tio.

Selena rodou a gravação de novo, e seu irmão anotou os números. Tentaram fazer a ligação, mas ouviram uma gravação dizendo que a companhia não poderia completar a conexão com o telefone desejado.

– Provavelmente esse telefone é de Londres, opinou Selena. A gente não tem de discar outro número pra fazer um interurbano internacional? Eu sei que pra ligar pra Europa é preciso discar um certo número. Cada país tem o seu número.

– Vou ligar pra telefonista, disse Wesley.

– É provável que caia numa secretária eletrônica, interpôs Vicki.

Contudo ela estava enganada. Foi uma pessoa mesmo que atendeu. Então o rapaz se pôs a conversar com ela, para tentar decifrar o mistério. Com os algarismos que Wesley forneceu, a telefonista tentou sete áreas da cidade. Nenhuma das sete deu certo. Tentaram mais uma, e dessa vez o rapaz olhou para a turma com expressão alegre.

– Está chamando! disse. Acho que conseguimos um número.

Ele ergueu uma das mãos pedindo silêncio.

– Alô! disse ele. É... O que foi que você disse que é aí? Lar Danbury? É, bom. Não sei se este é o número certo. O que foi? É. Estou ligando dos Estados Unidos. Estou tentando entrar em contato com Paul MacKenzie. Por acaso ele está aí?

Selena ficou de fôlego suspenso e mordeu o lábio.

– Ah, 'tá. Eu entendo. Mas dá pra você verificar na lista pra mim, e ver se o nome dele consta dela? Ah, entendi. Sim.

– O que foi? indagou Selena, puxando a manga da camisa do irmão.

– Ah, então ele saiu daí hoje, e você acha que ele não deve retornar mais, repetiu o rapaz. Sabe se ele estava pretendendo ir para o aeroporto? Ele disse se iria pegar o avião pra cá ainda hoje?

Houve um longo silêncio; longo demais.

– 'Tá. Compreendo. Obrigado. Tchau.

– O que foi? perguntou a garota, antes mesmo que o irmão recolocasse o fone no gancho.

– Esse Lar Danbury é uma espécie de abrigo pra moradores de rua, lá em Londres. Paul se registrou nele ontem à noite e saiu hoje de manhã. Ela disse que ele iria procurar um posto médico, para dar uns pontos.

– Pontos?

Antes que Wesley pudesse dar outras informações, Jeremy e Tânia chegaram, aparentando estar exaustos.

– Paul está em Londres, disse Selena. Ele tentou ligar pra nós. O Tio Mac está lá no carro?

– Não, ele só nos deixou aqui e foi embora. O que mais vocês estão sabendo?

Wesley relatou tudo que já dissera e depois deu os demais detalhes que todos os outros já estavam esperando.

– Ao que parece, Paul chegou nesse abrigo com uns cortes no rosto. Eles cuidaram dele. Deram-lhe comida e arranjaram-lhe uma cama. E hoje de manhã o encaminharam para um posto médico. A mulher com quem conversei lembrou-se dele. Mas falou como se ele fosse um andarilho mesmo.

Selena começou a ajuntar os pedaços do quebra-cabeça.

– Ele deve ter sido assaltado, raciocinou. O ladrão tomou tudo dele e ainda bateu nele. Foi por isso que ele não pegou o avião ontem. E como está tentando ligar a cobrar, devem ter levado todo o dinheiro dele.

Os outros a fitaram espantados, como se achassem que ela estava com uma imaginação muito fértil.

Capítulo Quatorze

— Faz sentido, disse Jeremy, o primeiro a se expressar. E devem ter tomado o passaporte dele também, já que ele ainda não partiu da Inglaterra.

— Onde é que ele arranja um passaporte novo? quis saber Tânia.

— Na Embaixada Americana, explicou Selena prontamente.

Ela já fora à Europa duas vezes e sabia exatamente o que uma pessoa deveria fazer em caso de emergência.

— Vamos telefonar pra lá e deixar um recado pra ele.

Dessa vez foi Jeremy que ligou. O Sr. Harold virou-se para o fogão e começou a fazer café. Certamente, seria bem forte, do jeito que ele gostava. Selena e os outros puseram-se a esperar. Tânia foi se deitar no sofá da sala, pedindo que a chamassem assim que tivessem alguma notícia concreta.

Vinte minutos depois, Jeremy conseguiu contato. Falou com a embaixada e ficou sabendo que Paul estivera lá algumas horas antes e preenchera os formulários necessários para requerer um passaporte. O funcionário da embaixada não quis dar mais nenhuma informação. Não confirmou se o passaporte fora roubado ou o que sucedera. Ainda não sabiam onde Paul estava, mas pelo menos já se tinha certeza de que estava bem.

Selena teve a sensação de que finalmente poderia respirar mais aliviada. E de fato passou a suspirar profundamente. Sentiu o cheiro do café forte do pai e teve vontade de tomar um pouco. Resolveu servir-se meia xícara, com muito leite e açúcar. Paul também estivera ansioso para tomar um bom café. Agora que sabia que ele estava bem, poderia começar a comemorar, antes mesmo que ele chegasse.

Às 5:00h o telefone tocou de novo. Era o Tio Mac. Disse que recebera uma chamada a cobrar de Paul e que ele estava bem. Selena logo contou o que pensara a respeito do rapaz.

— É, Selena, você dá uma boa detetive! Foi mais ou menos isso mesmo! Ele saltou do ônibus em Londres numa favela muito perigosa. Na noite anterior, tinha se hospedado numa pousada para jovens e depois iria pegar o ônibus para o aeroporto. Só que ele acabou entrando no ônibus errado e, quando percebeu isso, resolveu descer imediatamente, para pegar outro. Foi então que reparou que estava num setor muito perigoso da cidade. Pensou em tomar um táxi, mas não havia nenhum por ali. Então foi para o ponto do ônibus, mas ficou ali mais de uma hora, e não passou nenhum. Pediu orientação a uma pessoa e resolveu ir andando a pé. Foi aí que cometeu um grave erro. Acabou chegando a um beco, onde foi assaltado. Ele disse que era como se os ladrões já estivessem ali esperando-o.

— E eles o machucaram? indagou a garota.

— Machucaram. Bateram nele e o deixaram caído. Pegaram a mochila com tudo que tinha: passaporte, carteira e dinheiro. Ele teve um corte no queixo. Hoje de manhã foi a um posto médico para fazer um curativo e levou acho que quatro pontos.

— Oh! Que horrível! exclamou ela.

Os outros se aproximaram para esperar o relato. Ela fez um gesto indicando que iria contar tudo daí a pouco.

— Consegui mandar um dinheiro para ele, continuou Tio Mac. Aí pelo menos ele vai poder comer e comprar outro sapato. É, levaram o sapato dele também. Ele está andando descalço.

Selena não conseguia imaginar tudo que Paul passara. Mas agora pelo menos sabia que ele estava a salvo. E em breve estaria de volta.

— Quanto tempo ainda vai demorar pra ele pegar o passaporte novo? quis saber ela.

— Ele não disse. Hoje vai tentar ligar para os pais e ver

Capítulo Quatorze

como consegue comprar outra passagem para voltar. Eu lhe disse que eles estavam na casa de campo. Mas falei para ele continuar tentando ligar, pois eles já devem estar retornando para casa. Disse também que se até hoje à noite ele não conseguir contactá-los, para ele me ligar que vou dar um jeito de lhe mandar a passagem.

— E ele estava bem? indagou a garota. Quero dizer, ele estava se sentindo bem?

— Ah, muito breve você vai saber, replicou Tio Mac. Falei com ele para ligar para sua casa, para falar com você e com o Jeremy, e cobrar no meu número. Acho até bom eu desligar, pois ele disse que iria esperar uns vinte minutos e depois telefonaria para vocês.

Selena desligou e repassou as últimas notícias para os outros. Imediatamente cada um deles teve uma reação.

— Puxa, eles poderiam tê-lo matado!

— Que bom que ele está bem!

— Andando descalço em Londres? Eu não queria uma coisa dessas!

— Quando é que ele vai ligar?

— A qualquer minuto, explicou Selena, olhando para o relógio do microondas.

Ela voltou a bebericar seu café superdoce, que já esfriara, e acabou concluindo que não o queria mais.

Os primeiros raios de claridade estavam entrando na cozinha, dando àquele grupo cansado uma sensação de conforto e esperança. O Sr. Harold decidiu preparar uns ovos mexidos, e Jeremy foi ajudá-lo, fazendo algumas torradas. Amy se pôs a retirar as vasilhas já lavadas da lava-louças, pois Wesley precisava pegar uns copos para servir um suco de laranja que preparara. Selena se sentou e ficou apenas a contemplar a cena, esperando que o telefone tocasse. Nesse instante, lembrou-se de que ninguém dera a boa notícia para Tânia. Então foi à sala e acordou a irmã.

— O Paul está bem, disse ela. Ele foi assaltado. Ainda está em Londres.

A jovem ergueu-se um pouco, firmando-se num dos cotovelos, e entreabriu os olhos.

— Foi assaltado?

— Foi, mas ele está bem. Está tentando tirar outro passaporte e arranjar uma passagem de avião para voltar.

— Que coisa horrível!

— Horrível, nada! Isso é ótimo! Ele está vivo. E vai voltar pra cá.

— Ah, que bom! exclamou Tânia, voltando a deitar-se. Você se importa se eu dormir de novo?

— De jeito nenhum. Não quer ir lá pra cima?

— Não, eu só quero... e a voz dela foi morrendo, mostrando que já estava dormindo.

Selena retornou à cozinha, procurando disfarçar a frustração que sentia pelo fato de o telefone não ter tocado mais. O pai estava começando a servir os ovos mexidos para a turma. Ela pegou um pratinho e deixou que ele colocasse nele uma boa porção do alimento. A conversa generalizou-se entre os presentes. Todos se achavam muito cansados. Parecia que nenhum deles estava ansioso com a demora do telefonema de Paul, a não ser a garota. Ela não estava suportando mais aquele suspense. Queria tanto conversar com Paul e perguntar-lhe tanta coisa...

Por volta de 7:10h o telefone finalmente tocou. A essa altura, Vicki e Amy já tinham ido embora. Wesley estava dormindo numa poltrona da sala. Jeremy "arriara" no chão mesmo. Os únicos que ainda estavam acordados eram Selena e o pai. O Sr. Harold tinha ido para o quintal fazer um serviço lá, aproveitando que a manhã estava fresca. Selena resolveu dar uma arrumação na cozinha. Estava nervosa e com acúmulo de energia. Então esse exercício era uma forma de queimar essas energias. Chegou inclusive a passar pano no chão. É que o lugar onde os baldes de lagostas tinham ficado estava meio pegajoso.

Atendeu ao telefone, arfando um pouco.

— Bom-dia! disse uma voz masculina. Desculpe-me por estar ligando tão cedo. Aqui é o Pastor MacKenzie. Meu filho, o Jeremy, está aí?

— Está. Um momento, vou chamá-lo.

Selena se sentia a própria empregada, segurando o rodo com o pano de chão, o cabelo enrolado e preso no alto da cabeça. Ela esperara tanto e com tanta paciência a ligação do Paul, e no fim era o pai dele quem estava ligando. E ele não tinha a menor idéia de quem era Selena nem da importância que ela tinha na vida do filho dele.

A garota acordou Jeremy.

— Seu pai está no telefone, disse-lhe. É melhor você atender na cozinha porque o sem fio não está funcionando bem.

O rapaz levantou-se, sacudiu-se um pouco para acabar de acordar e esticou os braços para o alto, enquanto caminhava para a cozinha.

— Pai, disse ele pegando o fone. É, estou bem. Tem alguma notícia?

Selena ficou bem quietinha, procurando passar despercebida, ouvindo Jeremy e o pai compararem o que um e outro sabiam sobre o Paul. Pelo que escutou, compreendeu que o rapaz já conseguira a passagem e poderia embarcar assim que recebesse o passaporte. Jeremy desligou e virou-se para ver se ela ainda estava por ali.

A garota olhou para ele meio sem graça, como se ele a tivesse pegado ouvindo "atrás da porta". Estava passando um pano úmido no balcão pela décima vez, e Jeremy aproximou-se. A expressão dele era de compaixão e compreensão. Então ela entendeu que havia algum problema.

— O que foi? indagou. Aconteceu algo? Paul está bem?

Jeremy fez que sim.

— Ele está bem, mas a passagem dele é para um vôo direto de Londres a San Diego. Ele não vai poder passar em Portland.

— Ah! exclamou ela, tentando mostrar resignação. Isso é compreensível.

— Sinto muito, Selena, disse o rapaz, colocando a mão sobre o ombro dela, num gesto fraternal. Sei o quanto você estava na expectativa de vê-lo!

Capítulo Quinze

Selena passou os três dias que se seguiram envolta numa nuvem de tristeza. Volta e meia as palavras de Jeremy lhe vinham ao pensamento. Ficava o tempo todo esperando que o telefone tocasse e ela ouvisse a voz de Paul. Mas ele não ligou.

Como estava de férias, tinha muito tempo de sobra, pois também tirara uns dias de folga do trabalho. É que pretendia passear bastante com Paul nesses dias, preenchendo as horas com muitas aventuras interessantes. Contudo, como isso não acontecera, passava a maior parte do tempo fechada no quarto, pensando no que Jeremy dissera. Não havia dúvida de que o tom dele era de quem consolava alguém, ao dizer:

"Sei o quanto você estava na expectativa de vê-lo."

Será que ele estava dando a entender que eu estava mais na expectativa de ver o Paul do que ele de me ver? pensou. *Jeremy leu a carta. Ele sabe quanto o irmão dele gosta de mim!*

De vez em quando, tentava se reanimar, pensando que o rapaz tivera muitos problemas nos últimos dias. E assim que ele chegasse em casa, na certa telefonaria para ela. Estava querendo demais, ao desejar que ele telefonasse para ela, quando o coitado estava andando descalço pelas ruas de Londres, com quatro pontos no queixo. Ele tinha de fazer muita coisa, comprar os objetos de que precisava e resolver a questão da passagem.

Mesmo assim, será que seria tão difícil ir a um telefone e discar através do número do tio dele para falar com ela? Bastariam dois minutos – era só o que ela queria. Com dois minutos, ele poderia dizer:

"Estou bem. Foi uma pena não ter dado para eu ir vê-la. Vou a Portland assim que puder."

Só demoraria uns dois minutos, e depois ela poderia tocar a vida em frente.

Tânia e Jeremy tinham ido embora no domingo pela manhã. A moça com quem ela dividia o apartamento ligara dizendo que haviam marcado um trabalho para ela na terça-feira. O que acontecera fora que o agente da jovem se esquecera de avisá-la. Com isso, os dois tinham tido de viajar às pressas, ainda bem cansados e sem muito ânimo para encarar dois dias na estrada. Selena teve pena da irmã, ainda mais quando se lembrou de que ela não conseguia dormir no carro. E ela acabaria tendo de se revezar com Jeremy no volante, quando o plano anterior era que o Paul ajudasse a dirigir.

Wesley regressara a Corvallis, onde estava fazendo um curso de férias e trabalhando num supermercado. Selena estava sentindo muita falta dele e de Tânia. Não imaginara que iria ter tanta saudade deles. Nesse último final de semana, tendo vivido tantas emoções fortes, os três haviam aprofundado mais a comunhão uns com os outros. Em parte, isso pode ter acontecido também pelo fato de Selena ter se formado. Agora, era "oficialmente" um dos "filhos mais velhos" da família Jensen. Não pertencia mais ao grupo dos menores. Além disso, os três tinham estado ao lado de Jeremy, quando havia a possibilidade de ele ter perdido o irmão. Nessa situação, os sentimentos que tinham uns pelos outros haviam amadurecido.

Ronny viera à sua casa duas vezes, tentando convencê-la a sair com a turma. Contudo ela simplesmente não tinha vontade e, ao que parece, o rapaz compreendera.

A Vicki e a Amy também pareciam haver compreendido sua depressão. Na segunda-feira, Vicki lhe ligara às 4:00h da tarde, sugerindo que elas se encontrassem na *Mother Bear*. A garota respondera que ainda não se sentia com disposição para isso.

— Ainda 'tá esperando que ele telefone? indagou a outra.

Selena não respondeu. Reconhecia que era uma infantilidade sua ficar esperando que o telefone tocasse, quando poderia muito bem sair e se divertir, agora que estava formada.

— Já recebeu alguma notícia? Sabe se ele já chegou a San Diego? Quero dizer, chegou bem em casa?

— Não estou sabendo de nada. Acho que Tânia ainda não chegou lá, mas amanhã vou ligar pra ela.

— 'Tá. E você acha que a gente pode se reunir na quarta-feira? perguntou Vicki. Nesse dia, só vou trabalhar na parte da tarde. Que tal se a gente se encontrasse pra tomar o café da manhã?

— 'Tá bom, concordou Selena.

Agora já era quarta-feira, e ela estava indo se encontrar com as amigas, para o café da manhã. Ainda não havia recebido nenhuma notícia de Paul. Deixara recados para Tânia na secretária, mas a irmã também não retornara a ligação. Selena achava que ela devia ter ido fazer as fotos em alguma outra cidade. Pelo que sabia, era possível até que o Paul ainda estivesse em Londres, esperando receber o passaporte novo.

De certo modo, ela já superara a turbulência emocional do final de semana e sentira que "crescera" nesse processo.

Dormira muito nos últimos dias e pensara bastante sobre a vida e a morte, o amor e o sofrimento. Escrevera muito em seu diário. Lera muito a Bíblia também e conversara bastante com seu pai.

Quando chegou à confeitaria *Mother Bear*, suas amigas já a aguardavam, na mesinha do canto, junto à janela, que era a predileta das três. Só de ver o rosto sorridente das duas ao entrar na loja, sentiu seu espírito se reanimar. Nesse momento, entendeu que não havia nada melhor nesta vida do que ter amigos fiéis que se colocam ao nosso lado quando precisamos deles.

Antes que chegasse à mesinha, D. Amélia, que estava atrás do balcão, lhe fez um aceno e chamou-a.

— Dá uma chegadinha aqui?

Selena foi para a caixa registradora, onde ela se encontrava. Naquele instante, não havia clientes ali aguardando os pãezinhos de canela.

— Eu ia ligar para você, então que bom que veio aqui hoje. Ontem, a Jody me avisou que vai sair.

— Oh, que pena! Vou sentir falta dela.

— É, replicou D. Amélia, nós todos vamos sentir. Mas agora teremos aí muitas horas vagas. E eu quis lhe falar isso, porque você me disse que queria trabalhar umas horas extras nestas férias.

— Ótimo! Quero sim! Posso pegar todas as horas que a senhora puder me dar. Mas a senhora está lembrada de que vou trabalhar até no máximo dia catorze de agosto, né?

— Estou. E vou sentir muito a sua falta também. Mas daqui até lá, posso lhe dar a maior parte das horas de Jody. Assim pode ganhar um dinheiro a mais para suas despesas na faculdade.

— Muito obrigada, D. Amélia!

― De nada! respondeu D. Amélia sorrindo. Vai tomar o mesmo chá de hortelã hoje?

Selena fez que sim e foi se sentar com as amigas.

― Vocês já pediram?

― Já. Pedimos um pãozinho de canela para cada uma, informou Amy. D. Amélia disse que vai sair uma fornada quentinha daqui a alguns minutos. Então estamos esperando.

― Adivinha uma coisa! disse Vicki com um sorriso amplo.

― Não sei, replicou Selena, mas eu também tenho uma novidade pra vocês. D. Amélia vai me dar mais horas de trabalho. Isso não é uma enorme "coisa de Deus"?

― E isso aqui também é uma enorme "coisa de Deus", prosseguiu Vicki, ainda sorrindo.

A garota tirou da bolsa um envelope tamanho ofício. Antes mesmo que Selena visse o timbre, entendeu tudo.

― Você também foi aceita na Rancho Corona! exclamou, passando os braços em torno da amiga. Eu sabia! Eu sabia!

Vicki riu.

― Como é que você sabia?

― Por que eles não podem nos separar. Precisamos muito umas das outras.

Contudo, assim que Selena terminou a frase, compreendeu que excluíra a Amy, quando dissera "nos". Então logo se corrigiu:

― Quero dizer...

― Tudo bem, disse a outra. Eu também tenho uma "coisa de Deus" pra contar a vocês.

Vicki e Selena ficaram a esperar. Amy nunca usara essa expressão "uma coisa de Deus" relacionada com nada de sua vida.

― Ontem eu mandei minha inscrição pra Universidade Rancho Corona, informou ela. Acho que penso igual a você,

Selena. Eles não podem nos separar. Além disso, já esqueci quais eram os motivos por que eu não queria estudar numa faculdade evangélica.

Selena e Vicki saltaram da cadeira e se puseram a abraçar a amiga, falando todas ao mesmo tempo. Nesse instante, D. Amélia chegou com os pãezinhos de canela, e as três voltaram a se sentar.

— Sabe o que mais? perguntou Amy. Gente, eu sinto que mudei tanto nesses últimos... Ei! Faz quantos dias que fiz aquela oração com vocês? Cinco? Seis dias? Sinto que... sei lá... parece que me reencontrei!

— Que maravilha, Amy! exclamou Selena. E tenho a impressão de que, nesses últimos dias, eu também estava fazendo uma sondagem da alma. Não sei se já me reencontrei, mas estou quase.

— Quando tiver notícias do Paul, interpôs Vicki, e souber que tudo está bem com ele, você vai se sentir melhor.

Selena concordou, pegou um pedaço do pãozinho quente e pôs na boca. Percebeu que um pouco da cobertura açucarada ficou grudada em seu lábio e limpou-o com um guardanapo. Nesse momento, olhou para fora e avistou sua mãe, que vinha em direção à confeitaria, trazendo algo na mão. Assim que ela entrou, a garota logo indagou:

— Algum problema, mãe?

D. Sharon sorriu.

— Não, replicou. Chegou isto pra você pelo correio. É do Paul. Vou ser sincera. Não consegui esperar você chegar em casa pra abrir.

As três deram risada. Selena pegou o envelope, que dava indicação de ser uma encomenda expressa internacional. Com um sorrisinho maroto, falou:

— Quem disse que vou abrir na frente de todo mundo aqui?

Capítulo Quinze

As outras logo começaram a protestar, todas ao mesmo tempo.

— 'Tá bom, 'tá bom, disse ela. Mas antes vou ler em voz baixa, só pra mim.

Retirou dele uma folha de papel timbrado, com o nome de um hotel: *The Edwina Courtyard*. Correu os olhos por ele rapidamente. A carta dizia que havia algo mais dentro do envelope. Pegou-o. Era um objeto pequeno e bem fino, embrulhado em uma folha de papel de seda.

— O que é isso? indagou Amy.

— Que é que diz na carta? quis saber Vicki.

Selena não respondeu e continuou abrindo o embrulhinho. Era uma longa correntinha com um pingente de prata.

— Um lírio! exclamou D. Sharon, estendendo o braço para tocar de leve na delicada jóia. É lindo, Selena!

— Põe no pescoço, sugeriu Amy.

A garota enfiou a correntinha pela cabeça e ajustou o pingente, de modo que as linhas da flor ficassem à vista. Deu um sorriso para a mãe e para as amigas.

— Querem que eu leia a carta?

— Ah, precisa não, replicou Vicki em tom brincalhão.

— Eu quero, respondeu a mãe, aproximando-se mais dela. Então ela leu:

Cara "princesa dos lírios",
Que final de semana conturbado! Sinceramente, desejo que o seu tenha sido melhor. É, mas, depois que fiquei sabendo do acidente em Seattle, acabei achando que o que passei aqui não foi tão ruim assim. Você acredita que Deus às vezes permite que passemos por situações desagradáveis para evitar outras muitos piores? Nestes últimos dias, aprendi tantas lições! Estou convencido de que, quando pertencemos a Deus, ele não deixa que nada nos destrua, enquanto não completar sua obra em nós. É verdade que podemos

sofrer males. As tempestades desabam sobre nós, sim. Mas nenhuma de suas ovelhas se acha fora das vistas dele.

Estou lhe enviando um presentinho de formatura. Mandei fazer na cidadezinha onde minha avó mora. Como pode ver, é um lírio. Simboliza sua personalidade destemida, Selena, isto é, esse seu jeito de sempre expressar a verdade. Pedi uma correntinha bem comprida, para que o pingente fique perto do seu coração.

Tenho de dizer-lhe algo. Eu pretendia comprar uma caixinha e fazer um embrulho de presente direitinho. Entretanto, como não tinha caixa, pendurei-o no meu pescoço quando estava andando aqui em Londres. É uma das poucas coisas que os ladrões não levaram. É que eu o estava usando por baixo da camisa, perto do coração, e eles não viram.

— Oh! exclamou Vicki, dando um suspiro. É a carta mais romântica do mundo, Selena! Que maravilha que não roubaram o pingente, hein?

Elas se entreolharam com expressão de admiração.

— Tem mais aqui, disse Selena, continuando a ler.

Como não vou mais passar por Portland, queria que esta jóia chegasse às suas mãos o mais rápido possível e da forma mais segura. Por isso, estou enviando daqui de Londres, enquanto espero que me entreguem meu passaporte. Houve um probleminha com meu visto, pois durante este ano que passei na Escócia, eu estava com visto de estudante.

Assim que chegar em casa, telefono para você. Então, até lá, e que a paz do Bom Pastor esteja com você.

Com muita esperança e carinho,
Paul

Selena ergueu o rosto. D. Sharon, Vicki e Amy a fitavam com expressão de ternura.

Capítulo Quinze

— Estou com vontade de chorar, disse a mãe.

A garota ficou um pouco envergonhada. Até esse dia, nunca lera nenhuma das cartas de Paul para sua mãe. Nesse instante, veio-lhe à mente uma indagação. Será que Paul se importaria de ela ter lido aquelas palavras tão pessoais, que ele escrevera com tanto carinho, para aquelas três ali, num lugar público? Agora era tarde demais. Abaixou a cabeça e passou o polegar de leve sobre o lírio de prata.

— É lindo, não? disse.

Vicki inclinou-se, aproximando-se mais dela para admirar o presente.

— Selena, disse, pode esquecer tudo que eu e a Amy lhe falamos sobre rapazes. O que aprendemos com nossos namorados não vale nada. O modo como você está agindo com Paul está dando certíssimo.

— Como assim "agindo"? Eu não estou fazendo nada! replicou a garota. Quero dizer, só orando. Vocês sabem disso. Oro por ele desde o dia em que nos conhecemos.

Amy deu um sorriso.

— É, disse ela, aposto que nestas férias a Vicki vai melhorar bem nessa questão. Vai orar muito mais.

Vicki deu uma risada.

— E quem sabe o Ronny me manda pelo correio uma palheta que usava para palitar os dentes? Aí nós vamos ter certeza de que a fórmula da Selena dá certo mesmo.

Todas caíram na gargalhada, e D. Sharon disse:

— Vocês estão brincando, não estão? Sabem muito bem que, no que diz respeito ao amor, não existe nenhuma fórmula mágica. O fato de orarem por um rapaz não significa que ele, de repente, vai se interessar por vocês.

— Oh, mãe! interpôs Selena, dobrando a carta e guardando-a de volta no envelope. Estamos brincando.

— É, sei, respondeu a mãe, dando um sorriso. Mas quis

me certificar de que estavam mesmo. Bom, acho que tenho de ir embora.

– Não, D. Sharon, disse Amy. Fique aqui!
– É, fique sim, concordou Vicki.
Selena ergueu-se rapidamente.
– 'Pera aí, disse. Vou buscar um pãozinho de canela e um copo de leite pra senhora.
– Desnatado, viu? interpôs a mãe.
– 'Tá bom! falou ela irônica. Leite desnatado e um pãozinho de canela com cinco mil calorias!

E foi andando para o balcão, rindo. Enquanto caminhava sentia o pequenino pingente batendo de leve em seu peito. Apalpou-o novamente, sentindo-se leve, feliz e bem destemida, como o lírio que Paul vira certa vez, ao fazer caminhada.

De repente compreendeu que agora não se importava mais de quase ter morrido de ansiedade durante o final de semana. Paul tinha razão. As tempestades desabam sobre nós, sim. Mas, depois delas, vem uma calmaria suave e tranqüila, como a que Selena experimentava nesse momento. E em meio a essa calmaria, compreendeu que estava bem perto do seu Bom Pastor, mais perto que nunca.